山东馆藏文物精品大系

青铜器卷

山东省文物考古研究院　编

贰

西周篇

科学出版社
北京

图书在版编目（CIP）数据

山东馆藏文物精品大系. 青铜器卷：全6册 / 山东省文物考古研究院编. -- 北京：
科学出版社，2024. 9. -- ISBN 978-7-03-079541-0

Ⅰ. K872.520.2；K876.412

中国国家版本馆CIP数据核字第2024MB5447号

责任编辑：郝莎莎 / 责任校对：邹慧卿
责任印制：肖　兴 / 书籍设计：北京美光设计制版有限公司

科学出版社 出版
北京东黄城根北街16号
邮政编码：100717
http://www.sciencep.com
北京华联印刷有限公司印刷
科学出版社发行　各地新华书店经销

*

2024年9月第 一 版　开本：889×1194　1/16
2024年9月第一次印刷　印张：118

字数：3 400 000

定价：2980.00元（全六册）

（如有印装质量问题，我社负责调换）

编委会

参编人员 （按照姓氏笔画排序）

丁一斐	丁露刚	于 勇	于法霖	万 菲	王 青	王 欣	王 勃	王 勇
王 敏	王 焕	王 滨	王 磊	王冬梅	王忠保	王相臣	王树栋	王昱茜
王倩倩	王淑芹	王新刚	王新华	王德明	尹传亮	尹秀娇	尹继亮	邓庆猛
史本恒	曲 涛	吕宜乐	任庆山	任妮娜	刘云涛	刘安鲁	刘好鑫	刘丽丽
刘洪波	刘鸿亮	齐向阳	衣可红	衣同娟	汲斌斌	阮 浩	孙 威	孙全利
孙名昌	孙建平	牟文秀	闫 鑫	苏 琪	苏建军	李 娟	李 晶	李 斌
李秀兰	李林璘	李建平	李顺华	李祖敏	李爱山	李景法	李翠霞	李慧竹
杨昌伟	杨晓达	杨海燕	杨淑香	杨锡开	肖守强	何绪军	宋少辉	宋文婷
张文存	张世林	张伟伟	张仲坤	张英军	张春明	张爱敏	张婷婷	张慧敏
陈 魁	陈元耿	陈晓丽	陈翠芬	昌秀芳	金爱民	周 丽	周 坤	郑建芳
郑德平	房 振	赵 娟	赵孟坤	赵常宝	胡 冰	胡可佳	柳建明	柳香奎
侯 霞	姜 丰	袁晓梅	耿 波	聂瑞安	徐义永	徐吉峰	徐倩倩	奚 栋
高 雷	郭 立	郭公仕	郭贤坤	桑声明	曹胜男	崔永胜	崔胜利	鹿秀美
阎 虹	梁 信	董 艺	董 涛	韩升伟	程 红	程 迪	傅吉峰	蔡亚非
颜伟明	潘雅卉	燕晴山	穆红梅	魏 萍				

参编单位

山东省文物考古研究院	山东博物馆	山东大学博物馆
孔子博物馆	济南市博物馆	济南市考古研究院
济南市长清区博物馆	济南市章丘区博物馆	济南市济阳区博物馆
济南市莱芜区博物馆	平阴县博物馆	青岛市博物馆
青岛市黄岛区博物馆	莱西市博物馆	胶州市博物馆
平度市博物馆	淄博市博物馆	齐文化博物院
临淄区文物考古研究所	桓台博物馆	沂源博物馆
枣庄市博物馆	滕州市博物馆	东营市历史博物馆
烟台市博物馆	海阳市博物馆	莱州市博物馆
蓬莱阁景区管理服务中心	栖霞市牟氏庄园管理服务中心	龙口市博物馆
长岛海洋生态文明综合试验区博物馆	招远市博物馆	潍坊市博物馆
潍坊市寒亭区博物馆	安丘市博物馆	昌乐县博物馆
昌邑市博物馆	高密市博物馆	临朐县博物馆
青州市博物馆	寿光市博物馆	诸城市博物馆
济宁市博物馆	济宁市兖州区博物馆	泗水县文物保护中心
嘉祥县文物旅游服务中心	邹城市文物保护中心（邹城博物馆）	
泰安市博物馆	新泰市博物馆	宁阳县博物馆
肥城市博物馆	威海市博物馆	荣成博物馆
日照市博物馆	五莲县博物馆	莒州博物馆
临沂市博物馆	费县博物馆	蒙阴县文物保护中心
莒南县博物馆	兰陵县博物馆	平邑县博物馆
沂南县博物馆	沂水县博物馆	郯城县博物馆
菏泽市博物馆	巨野县博物馆	成武县博物馆
惠民县博物馆	邹平市博物馆	阳信县博物馆

凡 例

1.《山东馆藏文物精品大系·青铜器卷》为"山东文物大系"系列的组成部分，共六卷。第一卷：夏商篇；第二卷：西周篇；第三、第四卷：春秋篇；第五卷：战国篇；第六卷：秦汉篇。

2. 本书所选器物，均由山东省内各文物收藏单位、考古机构提供，再由编者遴选。以出土器物为主，兼顾传世品；突出考古学文化代表性，兼顾艺术特色。所收资料截至 2022 年。所收照片、拓片除了各文物收藏单位提供的之外，有较多数量文物是编著单位专门到各收藏单位重新拍摄、拓取的；器物描述多数也经过编者的修改。

3. 文物的出土地点尽量标注出当时的出土地点名称及现今的行政区划，可以具体到小地点的，使用最小地点名称。一些早年出土的文物，现在无法确定行政单位的，按照各收藏单位早年登记的地点。

4. 文物的收藏单位以文物的实际所有单位为准。

5. 关于器物的编辑排序、定名、时代等的说明。

编辑排序：首先，按照时代排序：岳石、商、西周、春秋、战国、秦、西汉、新莽、东汉。其次，在按时代排序的基础上，按器类排序：容器、乐器、兵器、车马器、工具、度量衡及其他等。每一卷的器物顺序参考《中国出土青铜器全集》，每一类器物的顺序也是按照时代排列，如果某种器物数量较多，先分类，每一类也是按照时代顺序排列。

定名：仅列器物名称，不加纹饰、铭文等。

器物有铭文或者纹饰的，尽量用照片和拓片表现，文字说明为辅助。

成组的器物根据器物的保存状况尽量成套展示。

目　录

鼎 | 西周

1984年新泰市府前街市政府宿舍出土

现藏新泰市博物馆

通高25.3、口径21.6、腹径23、耳高4.5、足高10厘米

方唇，微敛口，窄折沿，深腹，圜底，三柱足，立耳微外撇。上腹部饰一周夔龙纹与涡纹相间的纹饰带。器内壁铸有铭文三字："叔父癸。"

鼎 | 西周
滕州市庄里西村出土
现藏滕州市博物馆
通高29.8、口径19.3厘米

　　圆唇，微敛口，小卷沿，深腹略鼓，圜底，三柱足上粗下细，两立耳微外撇。上腹部饰一周四瓣目纹、涡纹相间分布。器内壁有铭文三字："木父乙。"底部可见加强筋。

鼎 | 西周
龙口市归城姜家村出土
现藏烟台市博物馆
通高26.8、口径25.2厘米

　　厚唇，敛口，窄折沿，略呈垂腹，圜底，三柱
足上粗下细，立耳微外撇。上腹部一周纹饰带，为
涡纹、四瓣目纹交替，空隙处填以云雷纹，纹饰带
上、下各有一道细凸棱。

鼎

西周

滕州市庄里西村出土，公安局拨交

现藏滕州市博物馆

通高25.2、口径21厘米

方唇，窄平沿，鼓腹略下垂，圜底，三柱足微外撇，双立耳微外撇。口沿下饰一周三组夔龙纹带，云雷纹为地。每组纹饰为两夔龙相对，中有花形扉棱。龙椭方目，中有凹窝，张口，长身，上卷尾，长角尖爪。腹部满饰勾连雷纹，间饰乳丁纹。

鼎 | 西周
征集
现藏青岛市博物馆
通高15、口径16厘米

　　方唇，敛口，折沿，浅腹略垂，圜底，三柱足上粗下细，立耳外撇。腹部一周三组纹饰，每组以竖条扉棱为界，两夔龙在扉棱两侧作相对回首状。龙圆目，上颚较长略上翘，下颚较短下折，长冠下垂，长身上扬，尾内卷。上下颚、冠、身均饰阴线纹。纹饰带上、下各有一条细阳纹为界。腹内有铭文"执公子癸父已作宝尊鼎"。

鼎 | 西周
滕州市庄里西村出土
现藏滕州市博物馆
通高19、口径19.9厘米

圆唇，窄折沿，束颈，鼓腹微垂，圜底，三柱足，两立耳微外撇。颈部饰一周窃曲纹。

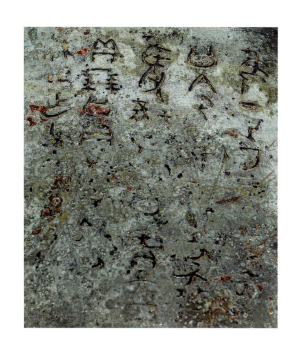

鼎 | 西周
1989年滕州市庄里西村出土
现藏滕州市博物馆
通高28.5、口径23.4厘米

　　圆唇，窄折沿，鼓腹下垂，圜底，三柱足，索状耳。口沿下一周兽面纹，兽面的双角T字形，直鼻，圆目，两侧躯干修长，尾向上卷，躯干上作列旗状，躯干下作云纹装饰象征脚爪，形成带状三层等分的列旗装饰的连体兽面纹。器内壁有铭文五行三十六字，磨损严重，多不能识。

鼎 | 西周
2009年高青县陈庄遗址出土（M18：5）
现藏山东省文物考古研究院
通高23.4、通宽21、口径20、足高8.2厘米

　　厚方唇，桃形敛口，窄卷沿，深圆腹，稍鼓，圜底，三柱状足上粗下细，足底平，两立耳微外撇。口沿下有一周兽面纹，仅圆目、长尾，其余部位用云雷纹表示。底部可见加强筋。

鼎 西周

征集

现藏滕州市博物馆

通高20.5、口径18.7厘米

口微敛，方唇，鼓腹，圜底，三直立
柱状足，两高耸立耳稍外撇。上腹部饰一
周窃曲纹带，腹中部有一道凸弦纹。

鼎 | 西周

1979年济阳县（现济南市济阳区）

刘台子墓地出土

现藏济南市济阳区博物馆

通高18.6、腹深10.2、腹径17.6厘米

敛口，口部形状略不规整，圆腹略垂，圜底，三柱足，立耳微外撇。颈部有三道弦纹。腹内壁有四字铭文："季作宝彝。"

鼎 | 西周
1986年济阳县（现济南市济阳区）
刘台子墓地出土
现藏济南市济阳区博物馆
通高19.7、口径16.2、腹径17.4厘米

　　敛口，口不规整、略呈桃心形，方唇，折沿，垂腹，三柱足上粗下细，立耳微撇。器身光素无纹，仅沿下及上腹部各有一道凸棱。器内壁近口沿处有铭文"旆作厥文考宝障彝"。

鼎 | 西周
1991年滕州市庄里西村征集
现藏滕州市博物馆
通高19.4、口径16.2厘米

　　口微敛，方唇，窄折沿，深垂腹，圜底，三柱足微内倾，两对称立耳置于
口沿之上。上腹部饰一周窃曲纹。

鼎 | 西周
滕州市庄里西村征集
现藏滕州市博物馆
通高17.5、口径15厘米

圆唇，窄折沿，束颈，鼓腹，圜底近平，三足中部较细，两立耳微外撇。颈部饰两道凸弦纹。

鼎 | 西周
捐赠
现藏青岛市博物馆
通高20、口径16厘米

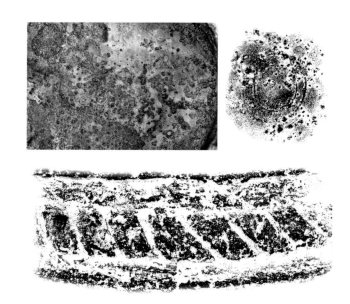

　　方唇，敛口，窄折沿微上翘，垂腹，圜底，三柱足细而高，立耳微外撇。腹部饰有一周斜向绳纹，上、下各有一周阳纹。腹内底似有符号，不识。

鼎 | 西周

1977～1978年曲阜县（现曲阜市）鲁故城23号墓出土

现藏山东省文物考古研究院

通高21.7、通宽23.7、口径20厘米

薄方唇，敛口，宽折沿略上翘，浅腹，圜底近平，三半圆形柱足上粗下细，略外撇。腹部上、下各饰一道粗凸棱，两道凸棱间饰一周三组纹饰，上、下缘分别有细凸棱。腹部纹饰每组为两个夔龙纹相对组成，夔龙长身卷尾，尾部分歧，龙身均为粗阳纹表示，内外边缘有细阳线。胎壁较薄。

鼎 | 西周

1987年淄博市张店区山东铝厂宿舍301工地出土

现藏淄博市博物馆

通高23.6、口径19.9厘米，重2.65千克

圆唇，敛口，折沿略上翘，垂腹，三柱足上端略粗，立耳微外撇。腹部饰两道凸棱，间饰六组夔纹，以竖条形扉棱为界，柱足有简化兽面纹。底可见清晰的三角形范线。

鼎 | 西周
1964年招远县（现招远市）金岭镇西店村出土
现藏招远市博物馆
通高19.1、口径17.3、腹径18.5厘米

　　方唇，敛口，窄折沿，深腹略垂，圜底，三实
足，两立耳微外撇。腹上部饰一周窃曲纹带，下有
两道凸弦纹，足根部饰兽面纹。器内壁有"白作
鼎"三字铭文。

鼎 | 西周

1982年长岛县北村出土

现藏长岛海洋生态文明综合试验区博物馆

通高21、口径20.5、足高9厘米，重1.846千克

　　方唇，平折沿，深腹略呈垂腹，圜底，三足正视如圆柱，侧视扁平，背面有凹槽。上腹饰一周窃曲纹，足根饰有带高扉棱的兽面纹。

鼎 | 西周

1991年济南市长清区义灵关村出土（M2：4）

现藏济南市长清区博物馆

通高19.6、口径16.8厘米，重1.1千克

　　方唇，折沿微翘，腹微鼓，圜底，柱状足上粗下细，足内侧略平且中空内填范土，双立耳。腹部饰弦纹两周。足外侧范线明显且与腹部范线相连。

鼎 | 西周
1981年五莲县驼石沟村出土
现藏五莲县博物馆
通高35.5、口径26厘米，重9.413千克

　　方唇，窄折沿，深鼓垂腹，大圜底，三柱状足上粗下细，口沿上立两耳，外撇。上腹部、下腹部各饰有一周凸棱，居中饰一周三组凤鸟纹，相互之间以竖条高扉棱为界，每组纹饰均为两凤鸟以扉棱为界相对。每只凤鸟作回首、长冠、短身、长爪、长尾状，圆目凸出，长尖喙，长冠前置垂地，有分歧，两爪一前一后，长尾分歧上翘，尾下部还有T字形内卷的装饰。整只凤鸟上均有阴线纹装饰。

鼎 | 西周
1985年淄博市临淄区东古城村出土
现藏齐文化博物院
通高22、口径17.2厘米

侈口，尖唇，斜折沿，直腹，圜底近平，内槽式三棱足。双立耳外撇，耳内侧饰绹索纹。器身素面。

鼎 | 西周

1994年安丘市东古庙村出土，村民程玉光捐赠

现藏安丘市博物馆

通高10.2、口径10厘米

器型小巧。方唇，窄折沿，浅腹，圜底，三蹄形足，两立耳微外撇。上腹部一周六组双首龙纹带，龙双首，左侧龙首张口上扬，右侧龙首低首内卷，长龙身饰阴线纹。腹中部一周凸棱。耳外侧饰阴线纹，内侧饰双龙相对。

鼎 | 西周
1986年济阳县（现济南市济阳区）刘台子墓地出土（M6：27）
现藏济南市济阳区博物馆
通高23.3、口径20、腹深9.6厘米

　　薄唇，窄平沿，腹微鼓，圜底，柱足，立耳微外撇。腹上部饰一周分体兽面纹，间以六扉棱，以扉棱为鼻，圆眼，弯角，组成兽面纹，三足上部各向外饰一扉棱，与腹部扉棱相间。

鼎 │ 西周
孔府旧藏
现藏孔子博物馆
通高30.5、口径24.7厘米，重5.5千克

　　厚方唇，折沿，下腹微鼓，圜底，柱形足，立耳微外撇。口沿下饰一周六组兽面纹，每组兽面纹以两夔龙纹相对，均以凸棱作鼻梁。足根饰浮雕状兽面纹，以扉棱作鼻梁。器内壁有二竖行七字铭文"作父戊鼎木工册"。木盖玉纽为后配。清高宗三十六年（1771年）乾隆皇帝颁赐宫中十件祭祀铜器给孔庙，用于祭祀孔子，俗称"商周十供"，此器为商周十供之一。

鼎 | 西周
1964年黄县（现龙口市）韩栾村出土
现藏烟台市博物馆
通高20.2、口径17.7、腹围56、足高8厘米

　　圆唇，平沿外折，分裆，鼓腹三柱足，双立耳。腹部以分裆处为界饰三组兽面纹，以扉棱为鼻，圆目鼓凸，中有凹窝，粗眉，阔耳，角宽大，以细云雷纹作地，其两侧各有一倒立的夔龙。柱足上饰纤细的阴线蝉纹。腹内铸有铭文二行六字："启监作宝尊彝。"裆底有三角形铸范线。

鼎 │ 西周
1989年滕州市洪绪镇金庄村出土
现藏滕州市博物馆
通高20.4、口径16.5厘米

　　方唇，口微敛，窄折沿，鼓腹，分裆，柱足，立耳。腹部饰以每一足中线的三组浮雕兽面纹，以云雷纹为地。兽面纹凸目，居中有凹窝，一字眉，阔耳，粗壮角内卷，鼻内曲，兽面纹两侧边缘饰倒立夔纹。足饰云纹及蝉纹。器内壁有铭文五字："䍽乍父□彝。"

鼎 西周
馆藏
现藏滕州市博物馆
通高20、口径16.2厘米

圆唇，窄折沿，束颈，半球形鼓腹，圜底近平，三柱足，两立耳微外撇。素面。

鼎 | 西周
龙口市归城和平村出土
现藏烟台市博物馆
通高11.1、口径12厘米

　　器型矮扁。厚方唇，微敛口，窄折沿，浅腹略
垂，圜底，三蹄足，立耳微外撇。上腹部饰一周云
雷纹，耳外侧有阴线装饰。

鼎 | 西周
1986年龙口市归城姜家村出土
现藏龙口市博物馆
通高18、口径20厘米

　　方唇，折沿外翻，垂腹，圜底，三蹄
形足呈半圆形，足根稍粗，两立耳微外
撇。颈部、上腹部各有一周凸棱。胎体厚
重，腹、底有较厚的烟炱。

鼎 | 西周
1966年潍县（现潍坊市）李家埠村出土
现藏潍坊市寒亭区博物馆
通高21.8、口径20.8厘米

　　方唇，窄折沿微上翘，浅腹略垂，圆底，三蹄形足，两立耳微外撇。腹中部一周稍粗的凸棱，其上饰一周三组目夔纹组成的兽面纹，上、下缘各有一周细阳纹。每组兽面纹中有扉棱，花瓣形鼻，两侧均有一目夔纹。圆目凸出，圆目两侧以卷曲的线图表示龙身，上有阴线纹。立耳外侧饰阴线纹。

鼎 | 西周
1954年胶东文物管理委员会移交
现藏山东博物馆
通高55、耳高11.5、腹深27.6、口径40.2厘米

方唇，折沿外翻，深鼓腹，三蹄足，绳索状立耳外撇。口沿下饰一周六组兽面纹，每组均以扉棱为中心，纹饰为浮雕分体状，云雷纹为地。足根饰高浮雕兽面纹，圆目有凹窝，高扉棱为鼻，鼻内卷，角粗壮。腹内上部有四字铭文"作宝尊彝"。

鼎 | 西周
滕州市庄里西村出土
现藏滕州市博物馆
通高22.7、口径17.9厘米

侈口，斜折沿，方唇，深腹微鼓，分裆底，三直立长柱状足，对称双立耳置于沿上，稍外撇。上腹部饰一周简化兽面纹带。

鼎 | 西周
館藏
現藏濟南市博物館
通高19.8、口徑16.1、木蓋高7.9厘米

方唇，窄平折沿，腹略鼓，圜底，三蹄足粗矮，雙立耳微外撇。上腹飾竊曲紋，下腹飾垂鱗紋。器內壁銘文三行十一字："白姒作□□鼎其永寶用。"器蓋系後配，木制，玉鈕。

鼎 | 西周
1978年曲阜县（现曲阜市）鲁故城48号墓出土
现藏孔子博物馆
通高25.7、口径26.7厘米

　　方唇，敛口，窄折沿，腹微鼓，圜底，三蹄
足，双立耳。两耳外侧饰相对夔龙纹，颈饰重环
纹，腹饰垂鳞纹。腹内壁铸有四竖行铭文："鲁中
齐肇作皇考囗鼎其万年眉寿子子孙孙永宝用享。"

鼎 | 西周
1981年临朐县嵩山泉头村出土
现藏临朐县博物馆
通高18.9、鼎高14.8、口径19.8、足高7.5厘米

圆唇，窄折沿，浅腹，蹄形三足，立耳微外撇。口沿下饰一周重环纹，腹部饰垂鳞纹，两组纹饰之间饰一周凸棱。三足稍残。

鼎 | 西周
1978年长清县（现济南市长清区）
小河东村出土
现藏济南市长清区博物馆
通高20、口径20.3厘米

　　方唇，口微敛，窄折沿，鼓腹，圜底，蹄形足，立耳微外撇。口沿下饰一周重环纹，腹部饰垂鳞纹，两组纹饰带之间为一周明显的凸棱，耳外部饰阴线。腹内壁有铭文："郭司寇獸肇乍宝鼎，其永宝用。"底部有烟炱痕迹。

鼎 | 西周
济南市章丘区大站水库出土
现藏济南市章丘区博物馆
通高24.2、口径25.5厘米

方唇，折沿，敛口，鼓腹，圜底，三蹄形足，立耳。上腹部近口处饰重环纹，下腹部饰重叠垂鳞纹，两组纹饰带以凸棱相隔。耳外部饰阴线。腹内壁有二十字铭文："郭甘口肇乍尊鼎其万年眉寿子子孙孙永宝用享。"器物合范处痕迹明显。三足中空，二足内侧未封闭，可见填充其中的范土。

鼎 | 西周

1956年诸城县（现诸城市）

龙湾头农业社出土

现藏诸城市博物馆

通高26.6、口径26.3厘米，重6.5千克

　　厚方唇，窄折沿，浅鼓腹，圜底，三蹄形足，两立耳微外撇。上腹部一周凸棱，凸棱以上饰一周重环纹。三足底可见纺织品印记。耳外侧饰窃曲纹。

鼎 | 西周

1956年栖霞县（现栖霞市）大北庄村出土

现藏栖霞市牟氏庄园管理服务中心

通高30.1、口径31厘米，重5.4千克

　　方唇，窄平沿，弧腹，圜底，三蹄形足，两立耳微外撇。腹部一周重环纹，上、下各有一道凸棱。底部有烟炱痕迹，腹内有铭文："口生作成媿媵鼎其子孙永宝用。"

鼎 │ 西周
1978年威海市羊亭南郊村采集
现藏威海市博物馆
通高25.2、口径26.5厘米

　　方唇，折沿，弧腹，圜底，三半筒状蹄足，双
立耳微外撇。颈部饰一周重环纹，腹饰凸棱一周。

鼎 | 西周
馆藏
现藏烟台市博物馆
通高27、口径28.6厘米

　　方唇，敛口，窄折沿，圆腹略垂，圆底，三蹄足，两圆角附耳。上腹部饰重环纹一周，重环纹较特殊，每单个纹饰居中有一横宽凸棱。

鼎 | 西周
蓬莱市龙山店公社后河大队出土
现藏蓬莱阁景区管理服务中心
通高25、口径24厘米

　　方唇，口微敛，口沿斜折，鼓腹，圜底，蹄形足，立耳微外撇。口沿下部
饰窃曲纹，腹中部饰凸弦纹一周，耳外侧有阴线装饰。

鼎 | 西周
2001年沂源县西鱼台村姑子坪M1出土
现藏沂源博物馆
通高30.3、口径30.2厘米，重约9.64千克

　　方唇，口微敛，窄折沿，深腹，圜底，三蹄足，两立耳微外撇，腹下部饰一周凸棱纹，其上一周夔龙纹带。足根部饰带高扉棱的兽面纹。耳外侧饰两道凹槽。三条腹、足范线从口沿经腹部到足端，三条底范线呈三角形。同出5件，此件保存最好。

鼎 ｜ 西周

1994年安丘市东古庙村出土

现藏安丘市博物馆

通高29.4、口径30、腹径27.7厘米

　　方唇，微敛口，窄折沿，浅腹稍鼓，圜底，三蹄形足，两立耳微外撇。沿下一周纹饰，为横S形状的双首龙纹。耳内、外两面均有纹饰，内侧为窃曲纹，外侧饰阴线。

鼎 │ 西周

1988年临朐县嵩山泉头村出土

现藏临朐县博物馆

通高33、通宽37、口径34、足高14.5厘米，重8.4千克

　　方唇，宽折沿略上翘，半球形腹，圜底，三蹄形足，立耳外撇。口沿下饰变形窃曲纹，腹部居中有一道凸棱。三蹄形足，饰带高扉棱的兽面纹。一侧口沿断裂。

鼎 | 西周
2004年莒南县中刘山村M1出土
现藏莒南县博物馆
通高28.1、口径37.2、腹深18.5厘米

　　方唇，折沿，深腹略下垂，圜底，三蹄足，立耳外撇。上腹部饰一周重环纹，下腹部饰一周波带纹。蹄足足根饰兽面纹、饰高扉棱。

鼎 | 西周
1987年安丘县（现安丘市）贾孟村出土
现藏安丘市博物馆
通高26、口径25厘米

敛口，方唇，窄折沿微上翘，垂腹，浅腹圜底，蹄形足，立耳微外撇。上腹部一周宽凹槽，上、下各有一周纹饰带。上为一周变形窃曲纹带，单个纹饰呈T字形，两侧内卷，饰阴线。下腹部为波曲纹带。每个纹饰带上、下均有一周细阳线纹。足中部一周凸棱，凸棱以上足根正面有一扉棱，扉棱两侧饰卷云纹。

鼎 | 西周

1976年蓬莱县（现蓬莱市）村里集公社
辛旺集村出土

现藏蓬莱阁景区管理服务中心

通高32.5、宽32.8厘米

　　口沿斜折，半球形腹，圜底，蹄形
足，立耳。耳上内、外及侧面均饰重环
纹，口沿下饰窃曲纹，腹中部饰波带纹。

鼎 | 西周
青岛市西海岸新区灵山岛李家村征集
现藏青岛市黄岛区博物馆
通高26.7、口径26.5厘米

　　唇面厚薄不一，敛口，折沿微上翘，鼓腹、下腹略垂，圜底，三蹄足，双立耳微外撇。颈下饰一周重环纹，腹部饰一周波带纹，足根部饰浮雕兽面纹。

鼎 | 西周
馆藏
现藏滕州市博物馆
通高19.6、口径16.8厘米

　　圆唇，窄折沿，束颈，半球形鼓腹，圜底近平，三蹄足，两立耳微外撇。颈部饰简化窃曲纹，足根饰简化兽面纹。

鼎 | 西周
1988年临朐县嵩山泉头村出土
现藏临朐县博物馆
通高28.2、通宽27、口径25、足高13.4厘米，
重量7.05千克

　　圆唇，窄折沿，束颈，半球形鼓腹，圜底，三足蹄形，两立耳微外撇，一耳断裂。颈部饰窃曲纹，每组纹饰之间以粗短的扉棱相隔。三足饰带高扉棱的兽面纹，圆目凸出，角粗壮。

鼎 | 西周
1982年滕县（现滕州市）庄里西村征集
现藏滕州市博物馆
通高29.8、口径19.4厘米

　　方唇，口微敛，浅腹微鼓，圜底，三鸟形扁足，口衔鼎腹，尾上卷而着地，两立耳。腹部饰一周夔龙纹。

鼎 | 西周
征集
现藏山东博物馆
通高23.3、口径18.1厘米

方唇，折沿，浅腹，圜底，三扁足作夔鸟形，立耳。腹以扉棱为中心，饰兽面纹，云雷纹地，兽面纹带有列旗装饰。腹内底铸铭文两行："鲁姬赐贝十朋用作宝尊鼎。"

鼎 | 西周
滕州市庄里西村出土
现藏滕州市博物馆
通高17.6、口径14.9×11.2厘米

长方形覆斗形。厚方唇，敞口，窄折沿，斜直腹，平底，四柱足，两耳立于口沿上。鼎腹转角处均有扉棱，沿下饰相对夔龙纹，云雷纹为地。腹部饰乳丁纹。器内壁有铭文三字："乍尊彝。"底部可见加强筋。

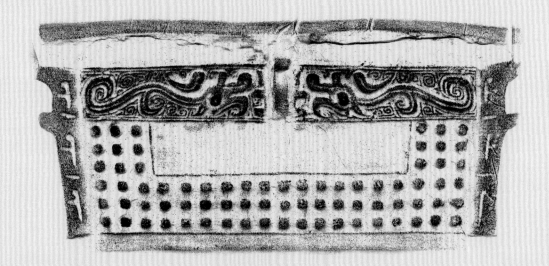

长边

侧边

鼎 | 西周
1986年济南市济阳区刘台子墓地M6出土
现藏山东省文物考古研究院
通高19.5、通长18.5、通宽14厘米，重2.034千克

　　长方形覆斗形。方唇，窄折沿，深腹，底略垂，四柱足。四面腹部居中为长方形空白，周围布满纹饰。两侧为变形夔纹；上为一周蛇纹，以扉棱为界对称分布，蛇头硕大、圆目凸出；下为一周凤鸟纹，以扉棱为界对称分布，长尾尖喙。纹饰均以云雷纹为地。正面、侧面纹饰相同，唯正面蛇的数量较多，凤的尾巴较长。足中部两道凸棱，凸棱以上为浅浮雕兽面纹。圆目凸出，鼻、角夸张。内壁有铭文"夅宝尊鼎"。

鼎 | 西周

1982年滕县（现滕州市）庄里西村出土

现藏滕州市博物馆

通高27、口径16×11.5、腹深15厘米

　　圆角长方形，子母口带盖。唇稍内斜，长子口较直，腹外鼓略下垂，圜底，四柱状实足，附耳较长。覆盘形盖，盖口沿下折略敛作母口，弧顶，置卷龙状四小组。口沿、盖沿长边饰夔龙纹，短边饰相对凤鸟纹，盖沿的纹饰以云雷纹为地。腹饰兽面纹四组，圆目凸出，卷云纹装饰细部，兽面纹边缘饰倒立夔纹。足饰蝉纹及卷云纹。盖、器内分别铸铭文两行六字："滕侯乍宝尊彝。"

鼎 | 西周
济南市济阳区刘台子墓地出土
现藏济南市济阳区博物馆
通高22.1、通长21.8、通宽14.3厘米

　　圆角长方形。方唇，折沿，束颈，略
垂腹，柱足，颈部两附耳。柱足略显上粗
下细。素面，颈部附耳处饰一周凸棱纹。
壁内侧有铭文"夆"。底部可见清晰的范
线、垫片、加强筋。

鼎 | 西周
济南市济阳区刘台子墓地出土
现藏济南市济阳区博物馆
通高20、长15、宽11.5厘米

　　长方形口。方唇，折沿，束颈较长，鼓腹，圜底。四足为象鼻状，足端作象鼻卷曲状。口部两短边有两立耳。器身纹饰分为三组：颈部四角有高扉棱，四面以云雷纹为地，每面各饰一组相对凤鸟纹，以扉棱为界。腹部和足部纹饰相连，以腹部角部和足为中轴线，铸为象首。象大耳，竖眼，阔嘴，短牙，长鼻上卷，鼻孔张开。额上有一对圆涡纹，鼻上饰卷云纹和麟状纹。立耳外侧饰两道等距凹槽。壁口内壁有铭文"夆"。

鬲 | 西周
1978年滕县（现滕州市）庄里西村征集
现藏滕州市博物馆
通高17、口径13、底径9.3厘米

　　圆唇，侈口，小卷沿，束颈，分裆，柱
足，两立耳微外撇。颈部饰弦纹两道，腹饰兽
面纹三组。内壁铸铭文两行七字："吾乍滕公
宝尊彝。"

鬲 西周

1984年新泰市府前街市政府宿舍出土
现藏新泰市博物馆
通高17、口径14.2、耳高3厘米

方唇，侈口，束颈，分裆袋足，足根柱细长，立耳。颈部一周饰三组以云雷纹为地的兽面纹带。器内壁铸有铭文三字："叔父癸。"

鬲 | 西周

1984年新泰市府前街市政府宿舍出土

现藏新泰市博物馆

通高18.5、口径14.5、耳高3.1厘米

方唇，侈口，束颈，分档袋足，足根柱细长，立耳微外撇。颈部一周饰三组云雷纹为地的兽面纹带。器内壁铸铭文五字："飤宁作父辛。"

鬲 | 西周

1989年淄博市临淄区河崖头村西周墓出土

现藏齐文化博物院

通高16.6、口径13.9厘米

方唇，侈口，束颈，鼓腹，分档袋足，腹径大于口径，足跟为圆柱形，立耳。颈部饰一周四组斜角目雷纹。内腹壁有九字铭文："叔□作宝尊彝，其万□。"锈蚀严重。

鬲 | 西周
1989年淄博市临淄区河崖头村西周墓出土
现藏齐文化博物院
通高13.2、口径13.7厘米

侈口，束颈，鼓腹，分裆袋足，足跟为圆柱形。口缘上设对称绳索状立耳，微外撇。颈部饰一周凸弦纹。内腹壁铸铭文"乍旅尊"。

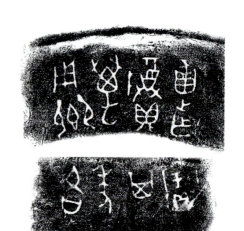

鬲 | 西周

1982年滕县（现滕州市）庄里西村出土

现藏滕州市博物馆

通高17、口径13.5厘米

　　圆唇，侈口，束颈稍高，鼓腹，分裆，三柱足，两立耳绳索状。颈饰一周目雷纹。口沿内壁铸铭文十一字："麌乍宝尊鼎其万年永鄉各。"

鬲 西周

济南市济阳区刘台子墓地M2出土

现藏济南市济阳区博物馆

通高16.5、口径13、腹径14.4、腹深8.4厘米

　　方唇，敞口，束颈，腹外鼓，分档，柱形
足根，立耳呈绳索状微外撇。颈部有三角雷纹
作地的乳丁纹饰一圈。

鬲 │ 西周
济南市济阳区刘台子墓地出土
现藏济南市济阳区博物馆
通高15.6、口径13.2、腹深8厘米

方唇，敞口，束颈，腹外鼓，分裆，
柱形足根，立耳微外撇。素面。

鬲 西周

1978年黄县（现龙口市）姜家村出土

现藏龙口市博物馆

通高12.5、口径16.8厘米，重1.234千克

　　方唇，宽折沿，束颈，鼓腹，分裆，三空心足，足跟平。腹部满饰竖向绳纹。胎体厚重，锈蚀较严重。

鬲 　西周
　　　1960年泰安市龙门口遗址出土
　　　现藏泰安市博物馆
　　　通高12.5、口径15.5厘米

　　方唇，斜折沿，束颈，鼓腹较浅，弧裆，三蹄形足。上腹一周重环纹，下腹为短直线纹，与三足对应的腹部均有月牙状扉棱。口沿上有铭文："鼑姬作孟妊媵兹羞鬲。"共出2件。

鬲 | 西周
馆藏
现藏济南市博物馆
通高12.5、口径16.9厘米

　　方唇，宽平折沿略上翘，束颈，圆肩，浅腹略鼓，弧裆，足半实，下端作阔蹄形。腹饰三组变形兽面纹，每组纹饰以足对应的扉棱为界，分为两部分。兽面纹均圆目凸出、中有浅窝，其余部分以宽阳纹表现，扉棱上有横向的阴线纹。鬲口沿铸十七字铭文："善夫吉父作京姬□鬲，其子子孙孙永宝用。"

鬲 西周

1965年邹县（现邹城市）栖驾峪遗址出土

现藏邹城市文物保护中心（邹城博物馆）

通高11.2、口径16.2厘米

　　方唇，宽平沿略向外折，束颈，圆肩，浅腹、腹部略鼓，宽裆平底，下有明显烟炱痕迹，矮兽蹄形足，上稍空，三足之上各有一凸棱。腹饰变形兽面纹。沿上有铭文十五字："鲁宰驷父乍姬口塍鬲其万年永宝用。"

鬲 │ 西周
　│ 馆藏
　│ 现藏烟台市博物馆
　│ 通高15.6、口径17.2厘米

　　圆唇，宽折沿，肩部稍鼓，浅腹，三锥状袋足，足根平。腹部饰凸棱纹一道，凸棱纹以上饰重环纹一周。

鬲｜西周

1983年滕县（现滕州市）东台村征集

现藏滕州市博物馆

通高11.1、口径13厘米

方唇，宽折沿，沿面微下凹，束颈，自肩下折为腹，弧裆，三尖锥空足。肩部饰一圈重环纹，腹部饰窃曲纹。

鬲 | 西周
2001年莒南县大山空村出土
现藏莒南县博物馆
通高21.4、口径25.3、腹深11厘米

　　方唇，折沿较宽，束颈，溜肩，肩、腹结合处
有折棱鼓腹，弧裆，三足较高。肩部饰变形窃曲纹
一周，腹饰涡纹、变形兽面纹、勾连云纹等多种
纹饰。

鬲 西周

临朐县大峪村出土

现藏临朐县博物馆

通高19.2、口径18.8、裆深9.5厘米

圆唇，斜折沿，束颈，鼓肩，高弧裆，三足微外撇，足跟平。肩部一周重环纹。

鬲 西周

1996年莒县西大庄村出土

现藏莒州博物馆

通高15.6、裆高8.6厘米，重1.53千克

　　圆方唇，斜折沿，束颈，鼓肩，连裆，高
袋形足。通体素面。

鬲 西周

五莲县土产公司拣选

现藏五莲县博物馆

通高19、口径19.5厘米，重3.85千克

形体瘦高。方唇，宽折沿，束颈，鼓肩，分
裆，三袋足，足跟平，实足较瘦高。素面。器身可
见补铸和垫片痕迹。

甗 │ 西周
1982年滕县（现滕州市）庄里西村出土
现藏滕州市博物馆
通高18、通长13.5、口径12.5厘米

方唇，侈口，甑鬲连体，分裆，三柱状足，束腰，两耳立于沿上。甑部饰二周凸弦纹。

甗 | 西周
1955年曲阜县（现曲阜市）苟家村南林出土
现藏孔子博物馆
通高39、口径25.8厘米

　　甑鬲连体。甑侈口，深腹下收，底有箅齿三个，箅已不存，口沿上立两绹索状直耳。鬲分裆，圆柱状足。甑部口沿下饰有凸弦纹一道，鬲素面无纹饰。甑腹内壁一侧铸铭"永作口宝"。

甗 西周
龙口市归城姜家村出土
现藏龙口市博物馆
通高43、口径29厘米

　　连体甗。甑方唇，桃形口，敞口，腹壁较直，下腹内收呈束腰状与鬲部相接，绚索状两立耳微外撇。箅桃形片状略下凹，上有五个十字形镂孔，一侧有一圆孔，甗钩从此圆孔穿过附着于甗壁上。鬲分裆，三柱状高足。上腹部饰一周三组兽面纹，上、下缘分别有一周细阳纹。每组兽面纹以短扉棱为鼻，圆目凸出，上下三列式分布，最上一列为卷曲的角、列旗纹，第二、三列仅以云雷纹表示身、尾等部位。鬲部饰三组浮雕兽面纹、分别与三足相对应。居中有花瓣形鼻、方形棱脊，圆目凸出、中有浅窝，尖状耳，长角外扬。甑、鬲的范线相对应。

甗 | 西周

1986年济阳县（现济南市济阳区）刘台子墓地M6出土

现藏山东省文物考古研究院

通高46.7、通宽32.2、口径29.5厘米，重10.057千克

　　连体甗。方唇，敞口，深腹斜直，束腰，鬲部分裆，三足，绚索状耳微外撇。甑、鬲结合部有三个伸出的榫扣以承箅。上腹饰兽面纹，圆目凸出，以扉棱为鼻。鬲部每足对应的部位饰一浮雕象首纹，圆目凸出，有凸出的角作为装饰。象鼻较小，卷状伏于足根部。甑部有明显的补铸痕迹。

甗 | 西周

1965年黄县（现龙口市）归城曹家村南300米处的河西黄土台地出土

现藏烟台市博物馆

通高40.6、口径28、甑腹围65、鬲腹围64.5厘米

　　连体甗。方唇，侈口，立耳，口沿下饰一周兽面纹，三柱足。腹内有抹角三角形铜箅，箅孔为五个十字形孔，以一铜环将箅一角固定于甗壁。足饰三个高浮雕兽面。

甗 西周

2009年高青县陈庄遗址出土

现藏山东省文物考古研究院

通高41.1、通宽25.5、口径25.5、箅径14.1厘米，重5.001千克

连体甗。甑方唇、卷沿、深腹稍内收，甑、鬲分界处明显。鬲为三实足分裆兽面鬲。甑上腹部一周简化兽面纹，仅表现圆目，身体、躯干等用云雷纹表示。鬲三足对应的腹部均为浮雕兽面纹，圆目、眉、角、鼻等部位凸出。内壁有铭文。

甗

西周

孔府旧藏

现藏孔子博物馆

通高39、口径27厘米，重5.3千克

　　连体甗。甑侈口，双立耳，腹斜收，底有十字形箅孔。鬲分裆，圆形柱足。甑口沿下饰一周兽面纹，双目凸出，有短扉棱。鬲腹饰浮雕分体兽面纹，凸目，长眉，长角，阔耳，上有阴线装饰。后配木盖，玉纽。清高宗三十六年（1771年）乾隆皇帝颁赐宫中十件祭祀铜器给孔庙，用于祭祀孔子，俗称"商周十供"，此器为商周十供之一。

甗 | 西周
1972年寿光县（现寿光市）孙家集街道丰顺王村出土
现藏寿光市博物馆
通高43、口径32.5厘米

　　连体甗。甑方唇，卷沿，直腹，口沿上有绚索状立耳。鬲短颈，鼓腹，分裆，兽蹄形实足。箅为桃心形，上有两排长条形篦孔。一侧有环形纽，一侧有圆孔、一圆环从此孔穿过连接箅孔和甗身。甑沿下腹部饰重环纹和涡纹间隔分布。

甗 | 西周
1978年曲阜县（现曲阜市）鲁故城48号墓出土
现藏孔子博物馆
通高41.7、口径31厘米

　　甑、鼎分体。甑圆形，侈口，束颈，折肩，敛腹，平底，底部有九个十字形箅孔，甑下有榫圈套入鼎口，附耳。下部是附耳圆鼎，敛口，束颈，鼓腹，圜底，下承三蹄足。甑颈部饰重环纹，腹饰垂鳞纹，鼎素面，甑腹内壁一侧铸铭共十八字："鲁中齐作旅甗其万年眉寿子子孙孙永宝用。"

甗

西周

1996年莒县西大庄村出土

现藏莒州博物馆

通高56.1、甑口径36.06厘米

分体甗，由甑和鼎组合而成。甑方唇，敞口，斜鼓腹，平底，底有三角形箅孔，双立耳。鼎为方唇，敞口，束颈，鼓腹，蹄形足。双附耳，双耳与器壁各有两根相连接的横圆柱。甑口沿下饰两道凸弦纹。微残。铭文漫漶不清，仅能辨识"齐侯作宝……"。

甗 西周

1989年滕州市庄里西村出土（M7∶6）

现藏山东省文物考古研究院

通高46、通长35.7、通宽24.7厘米，甑高30.8、长24、宽23.5厘米，

鬲高25、长29、宽24.7、口径21.8×17.2厘米

　　分体甗。甑方唇，卷沿，斜直壁，平底为箅，附耳微外撇。箅孔为排列整齐的长条形。甑近底部内收呈榫口、下接鬲口沿。鬲方唇、卷沿、束颈、鼓腹、连裆、四蹄形足，两附耳外撇。束颈部位在口内侧又有一道内口，内、外两道口形成凹槽以承甑。腹部与四足相对应可以分为四部分，分界明显，分界处可见范线。甑沿下一周窃曲纹带，腹部为波曲纹带。两组纹饰带之间有一道凸棱。甑鬲底有明显的烟炱痕迹。器内壁有铭文，但保存较差，无法辨识。

鬲

西周

孔府旧藏

现藏孔子博物馆

通高24.2、通长26.5、通宽21、

口径21.5×16.5厘米，重5.6千克

　　长方形口，平折沿，束颈，鼓腹，下有四蹄形足，双立耳。器腹一周饰有八个凸起的矩形图案。后配木盖、玉纽。此器为甗的鬲部，上部甑已失。清高宗三十六年（1771年）乾隆皇帝颁赐宫中十件祭祀铜器给孔庙，用于祭祀孔子，俗称"商周十供"，此器为商周十供之一。

簋 | 西周

1989年淄博市临淄区河崖头村西周墓出土

现藏齐文化博物院

通高10.3、口径15厘米

　　唇面略不规整，敞口，沿略外卷，腹微鼓略下垂，矮圈足，下有台座，兽形双耳，下有钩形小珥。沿下部饰两道凸弦纹，两凸弦纹间饰鸟纹，圈足饰一周八组三角目雷纹。纹饰均漫漶不清。内底部铸铭漫漶不清："伯□乍□尊彝。"

簋 西周

1976年胶县（现胶州市）西皇姑庵遗址出土

现藏胶州市博物馆

通高14、口径20.5、底径13、圈足高3.3厘米，重1.412千克

圆唇，侈口，卷沿，腹略鼓，圈足较高、稍外撇。腹外侧铸有对称的兽首耳，有钩形小珥。口沿下饰两组以浮雕兽首为中线左右对称的兽面纹，除双目凸出外，兽身其余部位用线条勾勒。圈足外饰有四组以短扉棱为中线左右对称的兽面纹。簋内底有铭文"妇"字。圈足稍残。

簋 | 西周
孔府旧藏
现藏孔子博物馆
通高15.7、口径23.2、底径14.8厘米，重2.1千克

　　方唇，侈口，卷沿，腹微鼓，圜底近平，圈足外撇。两侧附兽首环耳，其下有钩状小珥。颈部饰一周两组兽面纹，前后正中浮雕一兽首；下部饰两组兽面纹，以凸棱作鼻梁，椭方目凸出；圈足饰一周两组兽面纹，也以凸棱作鼻。器内底铸造铭文，仅可辨六字为"伯作尊彝用……永……"。后配木盖，玉纽。清高宗三十六年（1771年）乾隆皇帝颁赐宫中十件祭祀铜器给孔庙，用于祭祀孔子，俗称"商周十供"，此器为商周十供之一。

簋 | 西周
2005年滕州市前掌大遗址出土，公安局拨交
现藏滕州市博物馆
通高15.2、口径20.5、底径16.7厘米

　　方唇，侈口，卷沿，浅腹微鼓，圈足稍高，略外撇。腹部两侧附兽首形半环状耳，下有方形垂珥。口沿下两耳之间对称装饰一浮雕兽首，兽首两侧为夔龙纹，圈足饰一周夔龙纹。器内底部铸铭文七字："西作父丁鼎彝史。"

簋 | 西周

1983年黄县（现龙口市）海云寺徐家村出土

现藏龙口市博物馆

通高12.8、口径20厘米，重2.75千克

　　方唇，侈口，卷沿，束颈，鼓腹，圈足外侈。双兽耳，有长方形小珥。腹部饰有一周变形兽面纹，居中有浮雕兽首。腹内底部铸有五十三字铭文："唯王十又一月王才（在）限王子至于方辛□□宝叔□□戒辛□乍用休辛□日□叔□射金辛□□丧□于躬宫子子孙孙其□宝。"

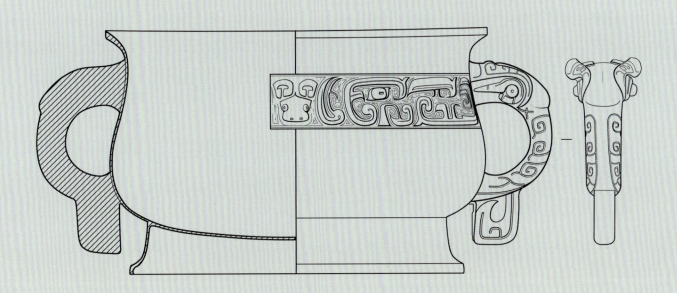

簋 | 西周
1986年济阳县（现济南市济阳区）
刘台子墓地出土（M6：26）
现藏山东省文物考古研究院
通高13.7、通宽26厘米，重2.017千克

　　方唇，侈口，卷沿，束颈，鼓腹略垂，高圈足，底部外侈，有台座。腹部有对称兽首环耳，下有珥钩状，两耳中间有对称兽首。颈部有一周粗凸棱，上、下各有一周细凸棱。

簋 | 西周

济南市济阳区刘台子墓地出土

现藏济南市济阳区博物馆

通高15.9、宽30.5、口径22.5厘米

方唇，侈口，小卷沿，束颈，浅腹略呈垂腹，高圈足，下有台座。对称兽首耳，下有珥。颈部、圈足均各有一周兽面纹带，颈部两耳之间居中的位置有浮雕兽耳。内底有铭文"夆彝"二字。

簋 │ 西周
1989年滕州市庄里西村出土
现藏滕州市博物馆
通高17.2、口径21.3、底径17厘米

　　方唇，唇面外斜，侈口，卷沿，腹微鼓，深腹，高圈足，下有台座。两侧对称兽首耳，凤珥。口沿下饰一周两组兽面纹，每组兽面纹居中有浮雕兽首装饰，两侧为相对的夔龙纹，足饰一周二组兽面纹。兽面纹均作角竖立，臣字形眼，直鼻，阔嘴，躯干折而向上，尾向内卷，两条躯干有钩状的刺，颈、足部以云雷纹填地。器内底部铸铭文二字"丁兄"。

簋 | 西周
滕州市庄里西村出土
现藏滕州市博物馆
通高14.9、口径19厘米

　　方唇，侈口，卷沿，束颈，下腹外鼓，高圈足，底缘有台座。兽首形半环状耳，下有钩状小珥。口沿下二耳之间对称装饰一浮雕兽首，兽首两侧各排列二只凤鸟纹，分别朝向兽首，云雷纹为地。圈足饰一周夔龙纹，云雷纹为地。腹内底部有铭文十一字："伯𤳳乍厥皇𠬝叔𠬝父宝彝。"

簋│西周

济南市济阳区刘台子墓地出土

现藏济南市济阳区博物馆

通高10.8、通宽23.5、口径18.4、

足径14.4厘米

　　方唇，侈口，束颈，鼓腹，圜底近平，圈足外侈，双兽耳带珥。颈部饰简化兽面纹，为三列式，椭方目，中有凹窝，有对称浮雕兽首。腹部饰竖向凸棱纹。圈足饰三角雷纹，以椭方目相隔。

簋 西周

滕州市庄里西村出土

现藏滕州市博物馆

高11.5、口径16.6、底径13.5厘米

　　敞口，方唇，卷沿，短颈，鼓腹略垂，高圈足，底缘略外撇。颈、腹之间有双耳，作兽首形，有小勾珥，龙身有卷云纹。颈及圈足饰有双体龙纹，云雷纹为地。腹部饰直条纹。器物底部铸铭文六字。

簋 西周

1980年滕县（现滕州市）庄里西村出土

现藏滕州市博物馆

通高13.9、口径19.5厘米

方唇，侈口，束颈，垂腹，圜底，圈足略外侈，两侧双附耳。颈饰弦纹两周，器内底部铸铭文："叔京乍车旅彝。"

簋 | 西周

1978年滕县（现滕州市）庄里西村出土

现藏滕州市博物馆

通高16.5、口径15.5、座高5.3厘米

方唇，侈口，束颈，下腹外鼓，圈足，下接方形座。颈、腹之间有兽首形半环状耳，方形垂珥。口沿下二耳之间对称装饰一凸起的兽头、两周弦纹。圈足饰一周弦纹，台座上、下各饰宽带。腹内底部有铭文五字："新郫乍🔲簋。"同出2件，形制相同。

簋 西周

1989年滕州市庄里西村出土

现藏滕州市博物馆

通高14.3、口径18.4、底径15.8厘米

厚方唇，侈口，沿面略鼓，腹微鼓，高圈足，下有台座。两侧有对称兽耳，长方形珥。口沿下饰一周两组兽面纹，居中饰有浮雕兽首，躯干尾端向上内卷，躯干上作列旗状，以云雷纹为地纹。足饰兽面纹，兽面纹双角作云纹状，直鼻，两侧躯干尾端向内卷，躯干上作列旗状，以云雷纹为地。器内底部铭文六字："甬父作宝尊彝。"

簋 | 西周
1986年龙口市归城姜家村出土
现藏龙口市博物馆
通高15、口径20.5、底径16厘米

　　方唇，卷沿，束颈，鼓腹，高圈足，底部有高台座。两对称龙耳，带方形
珥。腹部在两耳之间饰两相对夔龙纹，两夔龙间有高扉棱为界。夔龙圆目凸
出，张口，上下颚均凸出，长角利爪，大卷尾。圈足饰头、目凸出的蛇纹一
周，与腹部扉棱、龙耳对应处均有高扉棱，将圈足四等分。腹部、圈足的纹饰
均以云雷纹为地。龙耳双角高耸，吻部凸出向前，龙身有云纹装饰。外底部有
补铸的痕迹。

簋 | 西周

1982年滕县（现滕州市）庄里西村出土

现藏滕州市博物馆

通高22.5、口径20.5、腹深12.5厘米

　　唇外翻，卷沿，束颈，鼓腹略垂，圈足下连方座。兽首形耳，下有卷龙状珥。颈部中间饰小兽首，两侧及圈足均饰相对夔龙纹一周，云雷纹填地。腹、座均饰斜方格乳丁纹，内填云雷纹，方座四边角饰兽面纹。器内底部有八字铭文："滕侯乍（作）滕公宝尊彝。"

簋 西周

2004年龙口市集前赵家村出土

现藏龙口市博物馆

同出2件，形制基本相同

通高22、方座宽16、一件口径19.5、另一件口径20厘米

　　方座簋，未见盖。厚方唇，敞口，卷沿，束颈，鼓腹略垂，圈足略外侈，下接方座、四面均有不规则方形缺口。颈腹间有对称兽首耳，带方形珥。簋身颈部两周凸棱，方座边缘以内均有细阳纹。耳上兽首凸出，中间棱脊明显，角分歧，内侧内卷，外侧叶形上翘，圆目，鼻外卷，侧视似象首，但角较怪异。器内壁有铭文："伯□父赐叔□金用作宝簋。"

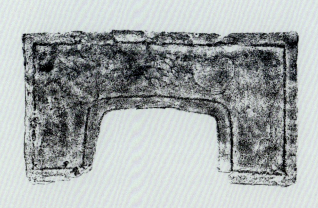

左器

右器

簋

西周

2009年高青县陈庄遗址出土

（M35：35、M35：38）

现藏山东省文物考古研究院

通高30.8、通宽25厘米，盖高8.4、盖径20.2厘米，

簋高24.6、口径20.2厘米，簋座高8.6、座长19.1厘米

敞口，束颈，垂腹，圈足下有方形底座。从腹部伸出两附耳，通过两横梁与簋口沿连接。弧顶盖，盖面有圆形捉手。盖沿、颈部、圈足均饰一周窃曲纹，盖及腹部饰直棱纹。方座上饰分冠卷尾的凤鸟纹，冠、尾均卷曲下垂。盖内、器内有长篇铭文。

簋 │ 西周
1980年黄县（现龙口市）庄头村西周墓出土
现藏龙口市博物馆
同出2件，形制、大小基本相同
通高35、口径18.5、方座宽19厘米

厚方唇，卷沿，束颈，鼓腹略垂，圜底近平，下接圈足，略外侈，圈足下接方形台座。颈腹部有对称龙耳，带方形珥。覆盘形盖，口内折作子口，舌较

短，顶有圆形封口捉手。除圈足饰三角目窃曲纹之外，器盖、捉手顶面、簋腹、方座四面均饰凤鸟纹，云雷纹为地纹。捉手顶面为单只凤鸟，盖面为一周三组凤鸟纹，腹部以双耳为界饰两组凤鸟纹，方座每面各饰一组凤鸟纹，盖面、簋腹、方座的每组均作两鸟相对、回首状。凤鸟的具体形象虽稍有差异，但形态基本相似。凸目，长冠分歧，较短者后卷，长者前伸垂地。下有利爪，短身，长尾分歧，短者上翘，长者垂地内卷。凤冠、身、尾等部位上均饰卷云纹或者阴线纹装饰。龙耳仅龙首刻画细致，圆目，双角凸起连成片状，身有卷云纹装饰。盖内、器内庇有铭文："芮公叔作祈宫宝簋。"

盖内铭文　　　　　　　　　器内底铭文

左器

156

簋 西周

1958年招远县（现招远市）东曲城村出土

现藏烟台市博物馆

通高19.5、口径18厘米

侈口，微卷沿，深腹，下腹外鼓，圈足、圈足下又有三个兽面蹄足。两侧附兽首耳，兽耳下均有垂珥。口沿下饰一周夔龙纹，居中有浮雕兽首，腹及圈足各饰凸弦纹。簋内底铸铭文两行五字："齐中作宝簋。"同出2件，形制、大小相同。一件较完整，一件口沿部分残缺。

簋 西周

2009年高青县陈庄遗址出土（M17：1）

现藏山东省文物考古研究院

通高26.1、通宽28.8、盖高7.7、盖宽19.3、簋口径19.4、簋身宽28.8厘米

　　方唇，卷沿，束颈，鼓腹略垂腹，圜底近平，圈足，带三个高蹄形足。两对称兽耳，下有小珥。弧顶盖，带圆形捉手。盖上、颈部均有一周纹饰，为变形夔龙纹和涡纹交替分布。圈足上有两周弦纹。盖内、器内壁有铭文。

簋 春秋

1986年龙口市东营周家村出土

现藏龙口市博物馆

同出2件，形制、大小基本相同，均未见盖

通高17、口径18.5、底径20厘米，重3.082千克

敛口，口内折作小子口，鼓腹，圜底近平，带圈足，下附三足。腹部有对称龙耳，有小珥。口沿下为窃曲纹，腹部为瓦纹，圈足饰三角窃曲纹。龙耳角、目明显，龙身有卷云纹。三小足与圈足结合部作兽首形，圆目，角卷曲。腹内底部有十一字铭文："作媵宝簋，其万年永宝用享，单。"底部有网格状加强筋。

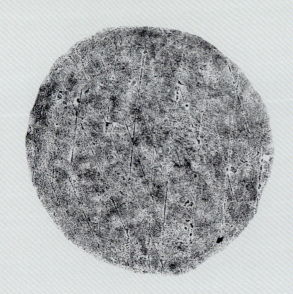

左器

左器铭文   右器铭文

右器

簋

西周

2001年沂源县西鱼台遗址出土

现藏沂源博物馆

通高26.3、口径20.9×20、底径22.2×21.5厘米，重6.42千克

　　器身作子母口，敛口，圆鼓腹，腹下部内收呈平底，圈足，足下有三兽形足。腹部两侧各有一带耳的兽形耳。半球形盖，顶部有圆形捉纽。盖顶饰卷体凤鸟纹，盖上部饰瓦纹，盖沿饰窃曲纹。上腹饰窃曲纹，中、下腹饰瓦纹，圈足外侧饰垂鳞纹。范线位于腹部双耳和双耳间中心处。同出2件，形制、大小基本相同。

盖面纹饰

腹部纹饰

簋

西周

1980年滕县（现滕州市）后荆沟村出土

现藏滕州市博物馆

通高26、口径21.3、盖径23.1厘米

　　扁圆体，子母口带盖。子口内敛、平唇，鼓腹，圜底近平，圈足，圈足外铸三伏兽形足。腹部铸对称的两兽首形附耳，有珥。盖呈覆盘状，有圆形捉手，捉手稍残缺。口沿及盖沿饰窃曲纹，盖顶及腹部饰瓦纹，圈足间饰重环纹。器内底部铸长篇铭文，铭文内容为：

唯九月初吉戊申，白氏曰："不娶，
驭方严允广伐西㩼。王令我
羞追于西，余来归献禽。余命
女御追于洛，女以我车宕伐
严允于高陵，女多折首执讯。戎
大同永追女，女及戎大敦。女休，弗
以我车函于艰。女多禽，折首执讯。"
白氏曰："不娶，女小子，女肇诲于戎工。
易女：弓一，矢束，臣五家，田十田，用从乃
事。"不娶拜稽手，休。用乍朕皇且公
白孟姬（障）簋。用匄多福，眉寿
无疆。永屯令冬。子子孙孙其永宝用享。
盖内亦有铭文，与器铭文不同，反书。
□郱君□□作，
王姬□障簋，用
享用孝，用旂多
福眉寿无疆，其
子子孙孙万年永宝用

盖内铭文

168

器内底铭文

簋 | 西周

2002年邹城市峄山镇大庄四村出土

现藏邹城市文物保护中心（邹城博物馆）

通高25.5、口径20.5、底径21.5厘米

　　子母口带盖，腹部略鼓，平底，圈足，下接三兽状蹄形足。腹部两侧设龙首耳，下垂小珥。盖面隆起，顶部有圆形捉手。盖顶与器腹饰瓦纹，圈足与足接口处饰兽首。盖内与内底有相同铭文三行十四字："⚘作姬䵼宝簋，其万年眉寿永宝用。"

簋

西周

黄县丁干圃旧藏，据传清中叶出土于陕西

现藏山东博物馆

通高30.1、口径24.2厘米

　　敛口，鼓腹，圈足下有三小足。器身两侧各有一兽首形耳，有珥。覆钵形盖，圆形提手。器、盖口沿饰窃曲纹，腹与盖上部饰瓦纹，圈足为垂鳞纹。器内底与盖内铸有相同的铭文，各十五行一百五十二字，另有重文两字："隹三年五月既死霸甲戌，王在周康昭宫。旦，王格大室，即立（位）。宰弘右颂入门，立中庭。尹氏受王令（命）书，王乎（呼）史虢生册命颂。王曰：颂，令（命）汝官司成周贮，监司新造贮用宫御。赐汝玄衣黹纯、赤市、朱黄、銮旗、攸勒，用事。颂拜稽首。受命册，佩以出，返入瑾璋。颂敢对扬天子丕显鲁休，用乍（作）朕皇考恭叔、皇母恭姒宝尊簋。用追孝，祈匄康、纯佑、通禄、永令（命）。颂其万年眉寿无疆，畯臣天子，霝冬（令终），子子孙孙永宝用。"

簋 | 西周
清光绪年间桓台出土
现藏山东博物馆
通高16.7、口径19.3厘米

　　未见盖。子口内敛，鼓腹，圜底近平，圈足外撇，下附三蹄足。对称兽耳，下有小珥。口沿、腹部、圈足饰窃曲纹，其余部位饰瓦纹。腹内铸有铭文："铸子叔黑肇作宝簋其万年眉寿永宝用。"

篹 | 西周
征集
现藏青岛市博物馆
通高17、口径18厘米

　　失盖。敛口作子口，扁鼓腹，圜底近平，圈足外撇，底部出阶。沿下有对称兽首耳，内衔环。圈足上有三个浮雕兽首，下接三兽足。沿下饰窃曲纹，腹部饰瓦纹，圈足饰重环纹。耳上兽首椭圆凸目，C字形双角相对，粗高鼻梁，角、鼻上饰阴线纹。兽首三足凸目高鼻，C字形双角相背，上有阴线纹。足外侧以阴线刻画兽的手、足等部位，栩栩如生。底内有铭文："中殷父铸篹用□□享年宗□其子子孙孙永宝用。"

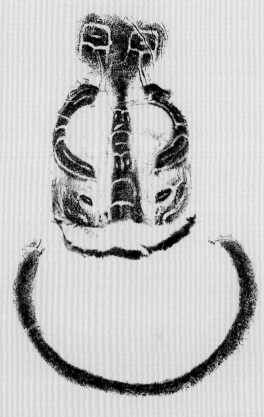

盨 | 西周

1978年曲阜县（现曲阜市）鲁故城30号墓出土

现藏孔子博物馆

通高19.2、长35.4、宽17.7厘米

　　整体呈圆角长方形，器盖为子母口，方圈足，每侧圈足中间有弧形缺口，两侧有兽首鋬。盖沿、口沿和圈足饰窃曲纹，腹部饰瓦纹。盖面装饰象鼻纹和瓦纹，盖顶两组夔龙纹，每组两夔龙相对。两组夔龙纹呈扉棱状，既为装饰，又为捉手。盖顶中央为虎形纽，虎头前伸，尾上卷，虎身稍下蹲，似为蓄势进攻之状，虎身布满纹饰。盖底对铭各六行三十六字："鲁白悆用公觑，其肇乍其皇考皇母旅盨殷，悆旟厣，用追孝，用旂多福，悆其万年眉寿，永宝用享。"

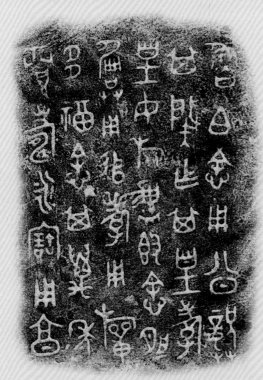

盖内铭文

内底铭文

盨 | 西周

1978年曲阜县（现曲阜市）鲁故城48号墓出土

现藏孔子博物馆

通高21.5、通长37、通宽17.1厘米

　　器呈圆角长方形。器、盖为子母口，方圈足，居中有弧形缺口，两侧有兽首鋬。盖沿、口沿、圈足饰窃曲纹；器腹饰瓦纹。盖上浮雕四夔首，盖面饰夔纹、瓦纹。器盖内和器内底对铭各四竖行："鲁司徒中齐肇作皇考白走父䤾盨殷，其万年眉寿子子孙孙永宝用享。"

盖内铭文

器内底铭文

盖沿纹饰

铜盨腹部纹饰

盨 西周

1946年泰安市徂徕镇黄龙岭出土

现藏泰安市博物馆

通高13、口径21.5×14.5、底径20.6×15厘米

　　器呈圆角长方形，未见盖。口微敛，作子口状，腹稍鼓，圈足外侈，四面各有一个弧形缺口。双附耳，耳与器间有双梁连接。口沿下环饰窃曲纹，腹饰瓦纹。器内底铸："乘父士杉其所作其皇考伯明父宝簋其万年眉寿永宝用。"

盨

西周
馆藏
现藏蓬莱阁景区管理服务中心
通高10、通长23、宽18厘米

　　器口为圆角长方形，未见盖。敛口，上腹部微鼓，下腹圜收，底近平，下承圆角长方形圈足，圈足低矮，两长边带有对称的梯形缺口。器表周身装饰瓦纹，圈足素面。器内有铭文八字："中白（伯）乍（作）娈姬旅盨，用。"

簠 西周

1986年长清县（现济南市长清区）石都庄村出土（M1：4）

现藏济南市长清区博物馆

通高16.7、通长27.7、通宽23厘米

　　器、盖形制完全一致，均为长方形斗状。方唇外凸，平沿较宽，敞口，斜直腹，平底。盖顶捉手及圈足为长方形，两长边中间有花形凹口，盖及腹两端各有一半环形兽耳。在盖捉手四角处有鼻状兽形纽。器口部、捉手及圈足部均饰窃曲纹，腹部饰环带纹一周，盖顶部饰细而凸出的环曲龙纹。器底部素面，可见网状加强筋。盖内铸有铭文："邾中媵妫宝簠，其万年眉宝，子子孙孙永宝用。"

簠 | 西周
1986年长清县（现济南市长清区）石都庄村东出土（M1∶3）
现藏济南市长清区博物馆
通高17、口径27.7×23.3、底径18.3×13厘米

　　长方形斗状。方唇外凸，平沿较宽，斜直腹，平底。圈足为长方形，喇叭状，两长边中间有弧形缺口，两短边有半环形兽首耳。口部、圈足部均饰窃曲纹，腹部饰环带纹一周，器底饰卷云纹。器、盖的形制、纹饰完全相同。器内底及盖顶内铸有铭文，为对铭，各十七字，其中重文两字。铭文为："郑中媵孟妫宝簠，其万年眉寿，子子孙孙永宝用。"虽为对文，但少量字的写法却不尽相同。

器内底铭文

盖顶纹饰

盖顶铭文

簠　西周

館藏

現藏桓台博物館

通高18、口径27.5×23.5、足径14×7.2厘米

　　器与盖造型基本相同。器呈长方形斗状，方
唇，宽平沿，斜直腹，平底，长方形圈足外撇，居
中有长方形缺口，两短边置有兽首鋬一对。其口沿
饰重环纹，腹部饰变体龙纹，圈足饰窃曲纹。底、
盖对铭十字："铸叔无作宝簠其永宝用。"

簠 | 西周

1981年临朐县嵩山泉头村出土

现藏临朐县博物馆

通高14.5、通长30、盖长30、盖高6.9、

底长29.7、底高8厘米，重量3.59千克

　　长方形覆斗形。方唇，平沿，斜直腹，平底，矩形圈足外侈，四边中间各有一缺口，腹部侧面各饰一兽首环耳。器、盖器形一致，惟盖两侧口沿中部有凸出兽纽作为卡扣。簠身、盖饰窃曲纹，盖圈足饰窃曲纹，器圈足饰重环纹。器底素面。

簠 | 西周

2001年沂源县西鱼台遗址出土

现藏沂源博物馆

通高16.9、底长17.1、底宽14.1、口长28.6、口宽24.9厘米，重约4.86千克

　　盖、身均为覆斗形。方唇，平折沿，斜直腹，平底，长方形圈足外侈，且四边中心各有一凹缺，腹两侧各有一兽首环耳。盖顶部、腹四面坡均饰变体夔龙纹，足外侧饰重环纹。以四面坡中心为界，长腹面两侧各饰两个夔龙纹图案，短腹面两侧各饰一个夔龙纹图案。范线都在腹、底的棱角处。同出2件，形制、大小基本相同。

簠 | 西周
1965年邹县（现邹城市）栖驾峪遗址出土
现藏邹城市文物保护中心（邹城博物馆）
通高9.4、口横长28.5、口纵长23.5厘米

　　未见盖。方唇，窄平沿，斜直腹，平底，长方形圈足外侈，中间有弧形缺口，两兽首环耳。器身上饰重环纹、夔纹，底部饰变形龙纹。腹内正中有铭文："冑自作□簠，其子子孙孙永宝用享。"

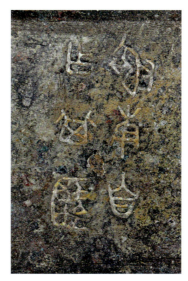

簋 | 西周
1965年邹县（现邹城市）栖驾峪遗址出土
现藏邹城市文物保护中心（邹城博物馆）
通高9.4、口横长28.5、口纵长23.5厘米

　　盖缺失。方唇，窄平沿，斜直腹，平底，长方形圈足外侈、中间有弧形缺口，两兽首环耳。口部饰重环纹，腹部饰夔龙纹，底部饰窃曲纹，圈足饰窃曲纹、重环纹。腹内正中有铭文："射南自作其簋。"

簋 西周

1970年邹县（现邹城市）灰城子遗址出土

现藏邹城市文物保护中心（邹城博物馆）

通高9.4、口横长28.7、口纵长23.5厘米

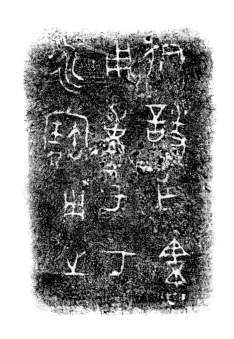

　　方唇，窄平沿，浅腹，斜直壁，长方形圈足外侈，中间有弧形缺口，双兽首环耳。器身口部饰窃曲纹，腹部饰夔龙纹，足饰窃曲纹，底部饰云纹。腹内正中有铭文："伊口作簋，用事于考，永宝用之。"

豆 | 西周
1960年泰安市龙门口遗址出土
现藏泰安市博物馆
高10.9、口径15.1、底径10.7厘米

　　器体较小。直口，薄唇，浅直腹，圜底近平，短粗柄，柄中部环一凸棱，喇叭形圈足。盘外壁及豆柄上部均饰重环纹，圈足饰波曲纹。保存状况一般，锈蚀严重。

盂

西周

黄县丁干圃旧藏

现藏山东博物馆

高18.6、口径35.2、底径14.3厘米

　　方唇，侈口，窄平沿，束颈，腹斜收为小平底，颈腹间置双兽首环耳。颈饰一周斜角夔纹带，其下凸弦纹一周。腹内壁铸铭文："虢叔作旅盂。"

盆 | 西周
館藏
現藏齊文化博物院
高14、口徑31厘米

　　薄圓唇，大卷沿，束頸，深腹，下腹斜收，平底，頸腹部置對稱獸首形環耳。頸、腹交接處有一周凸棱，頸部飾一周雙龍首夔龍紋，長龍身延續與另一龍首的角相連，龍身有陰線裝飾。腹部均飾變形雙首夔龍紋，圓目凸出、中有凹窩，長身卷曲，龍身有陰線裝飾。

爵 | 西周

2001年滕州市前掌大遗址出土

现藏滕州市博物馆

通高19.5、通长18.1、腹径6.6厘米

　　流、尾较长，卵圆形深腹，圜底，三棱形尖足外撇，腹部一侧有兽首鋬。沿上皆直立两菌状柱，柱顶饰涡纹。腹饰二组以云雷纹为地、以扉棱为鼻的兽面纹。兽面纹椭方目，阔耳。鋬内腹外壁上铸"父已"三字。

爵 | 西周

2001年滕州市前掌大遗址出土

现藏滕州市博物馆

通高17.9、通长17.4、腹径6.4厘米

　　流、尾较长，卵圆形深腹，圜底，三棱形尖足外撇，腹部一侧有兽首鋬。沿上直立两菌状柱，柱顶饰涡纹。腹饰一周以云雷纹为地纹的兽面纹，上有一周云纹。鋬内腹外壁上铭文"子又口"三字。

爵 | 西周
馆藏
现藏临朐县博物馆
通高19.3、腹径6、腹深8.8厘米

　　流残损，尖长尾，柱较高，卵圆深腹，圜底，三棱形实心尖足，足略外撇，带状鋬。腹饰云雷纹为地的兽面纹。鋬内铸铭文三字"亚明□"。

爵 | 西周
1976年胶县（现胶州市）西皇姑庵遗址出土
现藏胶州市博物馆
通高18.7、通长17.1、腹深9.5厘米，重0.794千克

长流尖尾，直腹，圜底，三棱足外撇，腹侧有一兽首鋬。口部有两柱，柱顶作蘑菇状，上饰有涡纹。腹部饰以扉棱为中线左右对称的兽面纹，以云雷纹为地，下饰一圈涡纹。鋬内的腹外壁上铸有铭文"△父癸"。

爵 | 西周
1984年新泰市府前街市政府宿舍出土
现藏新泰市博物馆
通高22.8、通长18.7、流宽3.8厘米

　　流尾上翘，深腹，圜底，底外侧设三角形锥足，腹一侧设兽首鋬。流根部设半圆形双柱，柱有菌形帽。腹上部饰三凸弦纹。鋬内铸有铭文三字："叔父癸。"

爵 | 西周
1978年滕县（现滕州市）庄里西村征集
现藏滕州市博物馆
通高20.6、通长19.5厘米

　　长流尖尾，侈口，深直腹，圜底，三棱形实心尖足外撇，兽形鋬，伞形双柱。腹饰凸形弦纹两周，口内壁铸铭文："妊作郝嬴彝。"

爵 │ 西周
　　　烟台市二中建筑工地出土
　　　现藏烟台市博物馆
　　　通高18.2、流尾残长15.1、流宽3.1厘米

　　长流尖尾，侈口，深直腹，圜底，口部有双柱，三足外撇，一侧有鋬。上腹部有两道凸弦纹。鋬内有铸铭"己"。流有残。

爵 | 西周

1976年胶县（现胶州市）西皇姑庵遗址出土

现藏胶州市博物馆

通高21.8、通长17.5、口径8.3、腹深10.3厘米，重0.716千克

　　长流尖尾，直腹，圜底，三棱足外撇，腹侧有一兽首鋬。口部伞状双柱较高，上饰三道弦纹，流外侧面饰有蝉纹，腹部饰有以云雷纹为地的兽面纹，在鋬内的腹壁上铸有铭文"父甲"二字。

爵 | 西周
1982年诸城县（现诸城市）齐家近戈庄村后出土
现藏诸城市博物馆
通高20.5、流长7.7厘米，重0.65千克

　　宽长流，短尖尾，长深腹，腹壁较直，圜底，三刀状足外撇，足横断面呈三棱形，腹部一侧有兽首錾。双伞状柱、柱头高耸。器身素面，双柱上有弦纹，腹部饰两周凸弦纹。尾部内壁铸铭文"文父乙作□□"。

爵 | 西周
1975年寿光县（现寿光市）圣城街道桑家庄村出土
现藏寿光市博物馆
通高17.4、口径17厘米

　　窄流尖尾，流高于尾，半圆形圆腹，圜底，三棱体实足外撇，两菌状柱位于流之末端口沿之上。柱顶饰圆涡纹，腹部饰三道弦纹。

爵 | 西周

1980年滕县（现滕州市）庄里西村征集

现藏滕州市博物馆

通高19.5、通长16、腹深8.5厘米

　　高流尖尾，深腹，圜底，三棱形实足，足尖向外撇。兽首形鋬在器身一侧，与一足相对。口沿上有高耸的伞状柱，柱断面呈半圆形。腹中部饰雷纹填地的长尾鸟纹一周。一柱外侧有铭文一行四字："□□父乙。"

觚 西周
1973年益都县（现青州市）涝洼村出土
现藏青州市博物馆
高27.3、口径16、底径9厘米

喇叭形口，腹部有凸箍，喇叭形圈足有台座。束腰部和圈足有兽面纹，圈足的兽面纹以上有一周蝉纹，腰部有细扉棱，上、下有细凸棱。圈足内侧有铭文"鱼伯己"。

觚 | 西周

1985年兖州市（现济宁市兖州区）原武装部院内出土
现藏济宁市兖州区博物馆
高22.5、口径13.9、底径8.2厘米

　　喇叭形口，腹部有凸箍，喇叭形圈足，下有台
座。柄部有两组各三道箍状凸棱，凸棱之间饰以云
雷纹填充的兽面纹，仅圆目凸出，扉棱为鼻。圈足
内壁有铭文"祖子"。

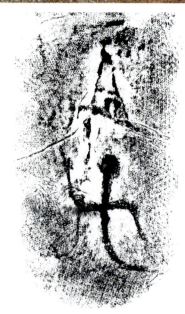

220

觚 西周
寿光市圣城街道桑家庄出土
现藏寿光市博物馆
高25.5、口径15厘米

喇叭口，腹部有凸箍，高圈足。腹微鼓，上、下各饰凸弦纹两周，间饰扉棱二条，对称的乳丁四个。其他纹饰不清。

觚 | 西周

2005年滕州市前掌大遗址出土，公安局拨交

现藏滕州市博物馆

高28.5、口径16.4、底径8.8厘米

　　喇叭口，腹部有箍，高圈足，圈足底缘呈低台式。腹部饰以兽面纹衬地的蕉叶纹，腹部和圈足饰分体兽面纹，以四道扉棱间隔，圈足上饰二周凸弦纹。圈足内铸有铭文七字："西作父丁宝彝史。"

斝 西周

滕州市前掌大遗址出土

现藏滕州市博物馆

通高26.5、通宽22、口径18.6厘米

圆口形状略不规则。敞口，高束颈，扁圆腹，分裆，柱足，颈腹间有一桥形錾，口沿上有二半环状立耳。通体素面。

觯 西周

1976年兖州县（现济宁市兖州区）嵫山村出土

现藏济宁市兖州区博物馆

高11.9、口径8.9、腹围27厘米

椭圆体。敞口，束颈，略呈垂腹，高圈足外撇。颈部及圈足饰有简化兽面纹，均臣字目、云雷纹为地，上、下有联珠纹带，颈部纹饰间隔浮雕兽首。内底有铭文"羊父辛"，外底有似蝉的阳文图案。口沿及颈部有残缺。锈蚀严重，保存状况较差。

觯 | 西周

1984年滕县（现滕州市）庄里西村征集

现藏滕州市博物馆

通高20.5、口径13×10.5、底径12.3×9.4厘米

椭圆体。子母口，有盖。侈口，束颈，鼓腹，腹部微下垂，圈足外撇。弧顶盖，盖沿内折作子口，居中有圆形捉手。盖、腹分别饰一周兽面纹，椭方目凸出，居中有凹窝。圈足饰一周弦纹。

觯 西周

2001年滕州市前掌大遗址出土

现藏滕州市博物馆

高13.9、口径10.2、底径8.6厘米

椭圆体。侈口，束颈，鼓腹，腹部微下垂，圈足外撇。素面。器内腹底有铭文三字"戈父乙"。

觯 | 西周

1973年潍县（现潍坊市）马司公社鞠家庄村出土

现藏潍坊市寒亭区博物馆

高11.5、腹径9×6.7、口径8.2×6.7厘米

椭圆体。侈口，束颈，鼓腹略呈垂腹，高圈足略外撇。素面。

解 西周

1982年济阳县（现济南市济阳区）刘台子墓地出土（M6：11）

现藏济南市济阳区博物馆

通高15.8、口径12×8.4、腹深9.8厘米

　　椭圆体，子母口带盖。侈口作母口，束颈，垂腹，平底，圈足外侈有矮台座。弧顶盖，盖面浑圆，居中桥形纽，盖沿内折作子口。盖、颈和圈足饰弦纹。

觯 | 西周

1987年桓台县荀召村西周墓葬出土

现藏淄博市博物馆

高13、口径8、足径7.1厘米

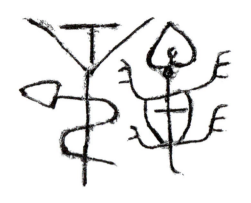

　　圆体。圆唇，敞口，束颈，垂腹，高圈足外侈。颈部饰两条夔龙纹带，但锈蚀严重，不清晰。圈足内壁铸有铭文"叔龟"二字。

觯 | 西周

1973年邹县（现邹城市）千泉街道小西苇村出土

现藏邹城市文物保护中心（邹城博物馆）

高14.5、口径7.4×7、足径6.4×5.4厘米，
重0.535千克

圆体。圆唇，侈口，长束颈，鼓腹，高圈足外撇。颈部一周纹饰，为卷云纹。圈足内可见铭文二字。底部可见加强筋。圈足稍残。

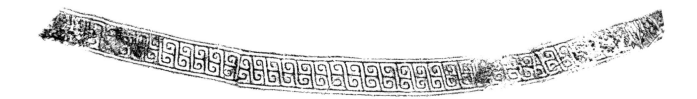

觯 西周
1973年平邑县洼子地村出土
现藏平邑县博物馆
通高17.8、腹径8.9厘米

圆体。子母口带盖。侈口，束颈，垂腹，圈足外侈。弧顶盖，盖沿内折作子口，盖顶有桥形纽。颈部有三周，圈足有两周细凸棱。

觯 西周

1988年滕州市庄里西村出土

现藏滕州市博物馆

高14.5、口径9.5、底径7.6厘米

椭圆体。侈口，长束颈，鼓腹呈垂腹，高圈足外撇。上腹部一周雷纹。器内腹底有铭文五字。

觶 │ 西周
1980年滕县（现滕州市）后黄庄出土
现藏滕州市博物馆
高12.5、口径7.1、底径6.6厘米

　　椭圆体。侈口，束颈，鼓腹，腹部略
下垂，高圈足外撇。素面。圈足内壁有铭
文三字。

觯 西周

1976年胶县（现胶州市）西皇姑庵遗址出土

现藏胶州市博物馆

高16.5、口径7.7、底径6.8厘米，重0.364千克

瘦高体。侈口，圆唇，长束颈，长深腹，下腹外鼓，高圈足外撇。圈足上有两周凸弦纹。口部断裂，器身稍有残缺。

觯 | 西周
1986年济阳县（现济南市济阳区）
刘台子墓地出土
现藏济南市济阳区博物馆
高17、口径7.4、底径5.4厘米

细高体。侈口，束颈，垂腹，高圈足外撇。器表光素无纹，颈部有两道凸棱。器内底有铭文"夆"。

觯 西周
1979年寿光县（现寿光市）
孙家集街道呙宋台遗址出土
现藏寿光市博物馆
高18.6、口径8.8厘米

瘦高体。侈口，方唇，束腰，垂腹，平底，圈足外侈有台座。

杯 ｜ 西周

1975年长清县（现济南市长清区）南付村出土

现藏济南市长清区博物馆

高13、口径9.7厘米，重0.38千克

敞口，束腰，平底。腹部饰两周弦纹。

杯 | 西周
1994年安丘市东古庙村出土
现藏安丘市博物馆
高11.7、口径9、底径5.4厘米

敞口，微束腰，深腹，平底。腰部一周窃曲纹，纹饰较浅。通体蓝锈。

尊 | 西周

孔府旧藏

现藏孔子博物馆

通高29、通长39、通宽14.5厘米，重5.4千克

　　羊形，双耳向后竖立，身体肥壮，短尾，腿较粗壮，四蹄形足。背上有一小椭圆形盖，可开合。器身素面无纹饰。清高宗三十六年（1771年）乾隆皇帝颁赐宫中十件祭祀铜器给孔庙，用于祭祀孔子，俗称"商周十供"，此器为商周十供之一。

尊 | 西周

1965年黄县（现龙口市）归城曹家村
南300米处的河西黄土台地M1出土
现藏烟台市博物馆
高18.5、口径17.5、底径11.7厘米

器体矮扁。侈口，束颈，鼓腹，圈足外
侈。腹部饰一组兽面纹带，兽面纹的形制少
见，云雷纹为地，上、下各饰弦纹。内底有铭
文五字："作父辛宝彝。"

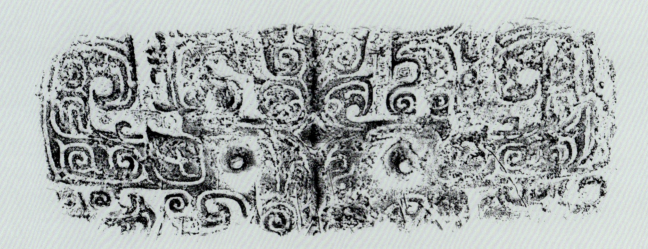

尊 | 西周

1976年胶县（现胶州市）西皇姑庵遗址出土

现藏胶州市博物馆

高25.2、口径19.5、底径13.1、圈足高5.5厘米，重1.678千克

　　侈口，束颈，长深腹略鼓，喇叭状足稍外撇。腹中部稍鼓部位饰以云雷纹为地的兽面纹，其下饰两道弦纹。兽面纹以鼻梁为中线，两侧对称排列。圆目凸出，以疏朗的线条表明角、触角等部位。躯体舒展，两角向内卷。鼻梁上方有两相对的夔纹，仅以简洁的线条表明躯体。主体兽面纹边缘各有一倒立夔纹，躯干稍显复杂。内底铸有铭文"父已"二字。

尊 │ 西周

2001年滕州市前掌大遗址出土

现藏滕州市博物馆

高27.5、口径21.5、底径15.1厘米

　　喇叭形口，束颈，深腹，高圈足。腹部以四条扉棱为界等分为四部分，各饰一只凸目、有冠、长尾大鸟；一条双角夔龙弯曲在鸟身中间；鸟身下有变形夔龙纹。纹饰间以雷纹为地。纹带上、下各饰二周凸弦纹。器内底部铸一象形"鸟"字。

尊 | 西周

2001年滕州市前掌大遗址出土
现藏滕州市博物馆
高26、口径20.1、底径14.5厘米

　　喇叭形口，束颈，腹稍外鼓，圜底，低台式高圈足。腹饰二组对称的以云雷纹为地的分体兽面纹，臣字眼，椭方目，中有横凹槽，一字眉，鼻内卷，叶形耳，阔角内卷。上、下对称二周凸弦纹。器内底部铸铭文六字："作父已尊彝史。"

尊 | 西周

滕州市庄里西村出土

现藏滕州市博物馆

高28、口径21.3、底径15.6厘米

　　喇叭形口，束颈，腹稍外鼓，低台式
高圈足。腹饰两组兽面纹，臣字眼，椭方
目，中有横凹槽，一字眉，鼻内卷，叶
形耳，阔角内卷。上、下对称两周凸弦
纹。器内底部有铭文三字："乍（作）
宝彝。"

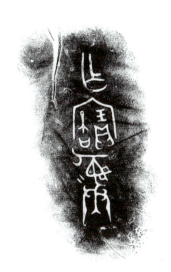

尊 | 西周
1989年滕州市庄里西村征集
现藏滕州市博物馆
高25.1、口径19.6、底径13厘米

　　大喇叭口，束颈，深腹、稍外鼓，圈底，高圈足外撇。腹饰兽面纹二组，兽面纹两边各饰对称夔龙纹，兽面凸目，巨鼻，张口，嘴角内卷。腹上、下部各饰凸起的弦纹两周。器外底有网状加强筋。器内底部铸铭文八字："史龔作父癸宝尊彝。"

尊｜西周

2009年高青县陈庄遗址出土（M18∶7）

现藏山东省文物考古研究院

高27、通宽20、口径20、腹径13.2、足径14厘米

　　方唇，喇叭形口，束颈，腰部略鼓呈一周宽凸箍状，高圈足下部外侈。腰部凸箍上、下各有两周凸棱，凸箍部分的上、下各有一周粗体阳纹兽面纹，以兽首为界分为两组。

尊 | 西周
1990年荣成市学福村周墓出土
现藏荣成博物馆
高22、口径19.3、底径12.6厘米

　　喇叭形口，束颈，深腹微鼓，圈足带台座。通体饰繁缛的兽面纹，云雷纹为地，间以粗扉棱。器内底部铸有铭文"作宝彝"三字。

尊 | 西周
征集
现藏滕州市博物馆
高19.9、口径20.2、底径13.8厘米

　　喇叭形口，束颈，鼓腹下垂，圜底，低圈足外撇。腹上部一周纹饰带，雷纹为地。前后饰浮雕兽首，每个浮雕兽首两侧各有两个凤鸟相对，凤鸟皆长喙、利爪、冠下垂、尾分歧下卷。

尊 | 西周

1986年济阳县（现济南市济阳区）刘台子墓地出土

现藏济南市济阳区博物馆

高20.4、口径19.8、腹深18.2厘米

侈口，长颈，腹稍鼓，腹壁呈瓦纹状凸起，底近平，圈足微外侈。颈和圈足饰弦纹。

卣 西周

滕州市前掌大遗址出土

现藏滕州市博物馆

通高32、口径14.1×10.3、底径16.8×13.6厘米

椭圆矮体。子母口带盖。器子口，鼓腹略垂，矮圈足，足底缘为低台阶式。颈部两侧有两环耳，两耳之间前后各饰一浮雕兽首，耳中套接绚索提梁。盖面隆起，盖缘下折内曲作母口，上有菌状盖纽。盖面和颈部各饰一周兽面纹，颈部的纹饰被两环耳和两只兽首分割成四组，圈足饰二周凸弦纹。盖内和器内底部铸有对铭"鸟"字。最初发现时器内盛有约1300毫升透明液体。

卣 | 西周
1988年滕州市庄里西村出土
现藏滕州市博物馆
通高30.5、通宽25、底径15厘米

　　椭圆体。子母口，长子口，垂腹，圜底近平，圈足底部外侈。口上承盖，盖面隆起，盖沿下折内曲作母口，上有菌状盖纽。拱形提梁，两端各饰一羊首。颈部前后饰浮雕兽首，两侧饰以夔龙纹，盖、圈足分别饰一周夔龙纹，提梁上饰长夔龙纹。盖内和器内底部铸有对铭九字："亚其束执作父癸尊彝。"

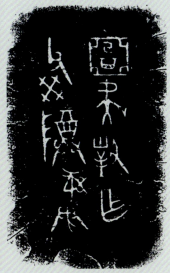

卣 | 西周
1976年胶县（现胶州市）西皇姑庵遗址出土
现藏胶州市博物馆
通高24、底径14.9、圈足高2.7厘米，重3.6千克

  椭圆体。子母口带盖，鼓腹，圈足外撇。盖上有圆形捉手，并饰有一圈兽面纹，盖与器身锈结在一起，尚未打开。提梁两端铸有羊首，提梁上面饰有一组夔凤纹。腹上部中间前后各饰一对称浮雕小兽首，以小兽首为中线前后各饰一组对称的夔龙纹。圈足外饰一周云雷纹，梁、盖、腹均以云雷纹为地。

卣 | 西周
1986年济阳县（现济南市济阳区）
刘台子遗址出土（M6：10）
现藏济南市济阳区博物馆
通高25.6、口径14.4、足径15.6厘米

　　直口，腹壁呈瓦纹状凸起，底近平，圈足外侈。有盖，顶浑圆，盖中间一圆形捉手，盖亦呈瓦纹状凸起。口沿两横耳与半圆形提梁相连，提梁两端饰羊首。素面。

卣 │ 西周

1984年新泰市府前街市政府宿舍出土

现藏新泰市博物馆

通高36、卣高26.2、口径11、腹径13.7、
足径11.8、盖高9.3、盖径12.2厘米

　　筒形带盖。子口，深腹微鼓，圜底，圈足。弧
顶盖，盖沿下折作母口，盖顶设圆形捉手。颈两侧
有环耳连接提梁两端的兽首。盖面及圈足饰两组兽
面纹，颈部中央饰牛首，两侧为卷体龙纹，圈足饰
卷体龙纹。

卣 | 西周
1969年黄县（现龙口市）归城小刘庄村出土
现藏山东博物馆
通高22.7厘米

　　椭扁体。子口，深腹下垂，圈足外侈。弧顶盖，盖沿下弧作母口，居中有圆形捉手。横置提梁，提梁两端作兽首形。器与盖均饰一条波纹带，颈部纹饰带居中，上有凸起的兽面。器盖对铭，各五行三十七字，尾书符号两字："王出狩南山，寇遮山谷，至于上侯滮川上，启从征，谨不扰，乍祖丁宝旅尊彝，用匄鲁福，用夙夜事。戈箙。"

盖纹饰

颈部纹饰

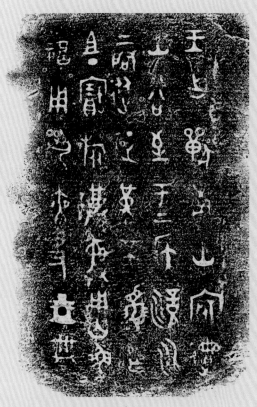

器内底铭文

盖内铭文

卣

西周

1980年滕县（现滕州市）庄里西村出土

现藏滕州市博物馆

通高23.4、口径17.1×13、腹深14厘米

椭方体。器长直口作子口，唇面内斜，垂腹，圆底近平，矮圈足下向外侈。弧顶盖，盖沿下折内曲作母口，居中有环纽。颈部有对称环耳，饰浮雕兽首，环耳接提梁。颈部前后饰浮雕兽面纹，两侧饰以相对鸟纹四组，雷纹填地，盖沿饰一周鸟纹。盖内铸铭文三字："作宝彝。"器内铸铭文三行十七字："□□□□京享□□乍氏文□父辛宝尊彝。"

盖内铭文

环耳兽首

器内铭文

提梁纹饰

盖面纹饰

器身纹饰

卣 | 西周
2009年高青县陈庄遗址出土（M18：4）
现藏山东省文物考古研究院
通高30.2、通宽27、口径14.5、足径18.2厘米，
盖径16、最宽16.7、盖高10.2厘米

　　椭圆体。口与器盖扣合，束颈，垂腹，高圈足略外撇。颈部有两环耳、与兽首提梁的圆环相扣。提梁两侧的兽首双角耸立，圆目凸出。弧顶盖，盖沿下折作母口，圆形捉手。盖沿、颈部均饰一周变形夔纹，颈部纹饰以浮雕兽首为界，对称分布。盖内、器内底均有铭文。

觥 | 西周
2009年高青县陈庄遗址出土
现藏山东省文物考古研究院
通高24、腹最宽25、足长径12.7、盖长22.7、盖高9.4厘米，重1.722千克

器横截面呈椭圆形。宽口流，高圈足下有底座，兽首錾带小耳。有盖，盖前端为牺首形，盖后有小錾，牺首圆目凸出，双角、双耳高耸。器身素面，腹部、圈足各有两道弦纹。盖内、器内底可见铭文。

壺 | 西周
1959年海阳县（现海阳市）上上都村出土
现藏海阳市博物馆
高31、口径18.3×16、底径16.5×13厘米

椭圆体。敞口，尖唇内折，束颈，深腹下垂，圆底，矮圈足两侧有方形镂孔，颈部有对称贯耳。颈部有两道凸弦纹，器身有席纹痕迹。

壶 ┃ 西周
1970年荣成县（现荣成市）不夜村出土
现藏荣成博物馆
高32.8、口径14.1、底径16.6厘米

　　椭圆体。敞口，唇面内斜，长束颈，深腹呈垂腹，矮圈足，颈、腹结合部有对称贯耳。贯耳处器身有两道细弦纹。器身范线未打磨，稍显粗糙。

壶 | 西周
1984年潍坊市寒亭区李家埠村出土
现藏潍坊市寒亭区博物馆
通高47.5、壶盖口径6.7厘米，
壶身高41、口径8、底径12.2厘米

　　形体瘦长。子母口带盖，微敞口作母口，平唇，长束颈，长深腹，圈足外撇，下有阶。盖深直口作子口，舌较长，顶有圆形高提手，有对称穿。盖沿、上腹部各饰一周两组凤鸟纹，颈部有两贯耳，其下有一周细凸棱。凤鸟纹均为两凤鸟回首相对，以扉棱为界。单个凤鸟均为长喙，长冠前倾垂地，短身，身下有两爪、一前一后，鸟身有阴线纹。盖沿的凤长尾分歧为两部分，上尾向后平伸，下尾内卷。颈部的凤尾部也分歧，上尾较细短、平伸向后，下尾内卷呈涡状。

盖沿纹饰

颈部纹饰

273

壶 | 西周
2001年沂源县西鱼台遗址出土
现藏沂源博物馆
通高52.4、口径12、足径20.3×17.6、
圈足高4.8厘米，重约10.79千克

　　椭圆体。器身口部微敞，圆唇，颈细长，中部稍内收，深鼓腹，腹下部内收，平底，椭圆形圈足，下缘外卷，圈足根部两侧各有一半圆形穿孔，颈下部两侧各有一贯耳。此壶带半球形盖，顶部带圆形捉纽，深子口，捉手两侧各有一半圆形穿孔，盖沿饰一周S形变体夔龙纹。颈下部饰一周窃曲纹，圈足外饰"S"形变体夔龙纹。范线位于腹、足的两侧。

壶 西周

征集

现藏滕州市博物馆

通高24.6、口径8、底径10.2厘米

　　子母口带盖。敞口作母口，长束颈，鼓腹最大径在下腹部，圜底近平，高圈足稍向外侈，颈部有两贯耳。弧顶盖，盖顶置圈足状捉手，盖作内插口。盖沿与颈部各饰鸟纹一周，以短扉棱为界，云雷纹填地。圈足饰一周斜角云纹。

壶 | 西周
馆藏
现藏蓬莱阁景区管理服务中心
高39、口径12.5厘米

　　侈口，长束颈，深腹作垂腹，高圈足
外撇，下有低矮台座，颈部有两贯耳。颈
部饰大鸟纹，圈足饰三角夔纹。未见盖。

壶 | 西周

1996年莒县西大庄村出土

现藏莒州博物馆

通高36.9、口径12.3、足径17.46厘米

　　子母口带圆顶盖。敞口，长束颈，鼓腹下垂，下承圈足。颈部有一对称的兽形耳。圆顶盖，盖沿下弧作母口，圆形捉手。盖顶饰涡纹，外缘饰鳞纹，盖口沿上饰重环纹一周，颈部饰夔龙纹，腹饰波曲纹，足饰垂鳞纹。

捉手内纹饰

盖口沿纹饰

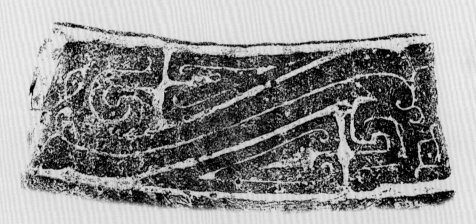

颈部纹饰

圈足纹饰

壺 西周

1974年莱阳县（现莱阳市）中荆公社前河前村出土

现藏烟台市博物馆

高34.5、口径6.6、腹径20.5、底径11、圈足高2.1厘米

　　形体修长。小直口，鼓腹，平底，带矮圈足。四环耳作兽头形，其中两耳在口沿下，两耳在下腹部，相互对称，便于汲水。壶身通体布满繁复的纹饰，由上至下分作六层：第一层为三角纹内填变形夔纹，第二层为波带纹，第三层为窃曲纹，第四层为夔纹，第五层为窃曲纹，第六层为波带纹。绳纹形矮圈足。圈足内有十三字铭文："己侯乍（作）铸壶，事（使）小臣台（以）汲，永宝用。"

壶 | 西周
1978年曲阜县（现曲阜市）鲁故城48号墓出土
现藏孔子博物馆
通高39、口径10.2、腹径27、足径19.3厘米

　　器腹呈卵形。直口，溜肩，腹鼓，平底圈足外侈。两侧各有小环耳，器身上部两侧各一螭首环耳，器腹下部两侧各一方形环耳。盘龙纽盖，盖沿内折作子口。器身纹饰共分四层，从上至下分别为夔龙纹、三角纹内填直线纹、夔纹、三角纹内填直线纹；圈足饰垂鳞纹。盖沿和壶口各一周对铭文共十五字："侯母乍侯父戎壶，用征形，用求福无疆。"

壺 | 西周
1981年莒南县尤家庄子村出土
现藏莒南县博物馆
通高29、口径7.5、最大腹径16.4、底径10厘米

整体瓠形。壶口微侈，短颈，鼓腹，矮圈足。一侧有两节环扣提梁，通过两环钮与壶身相连。肩饰蟠螭纹，腹饰垂鳞纹，圈足为绹纹，提梁左侧上方与下方镶有系状堆纹。

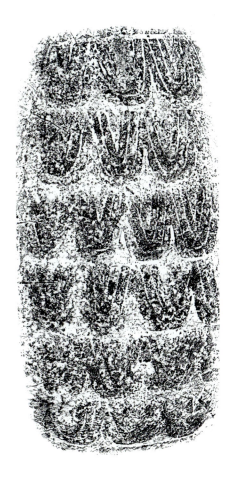

壶 | 西周
滕州市新绪村出土
现藏滕州市博物馆
高20.7、口径8.2×5.9厘米

扁方体，未见盖。敞口，束颈，深腹
呈垂腹，圈足外侈有台座。颈两侧附兽首
衔环耳。颈腹结合部饰一周卷曲龙纹，腹
部有宽凸棱组成的十字形纹带，足饰夔
龙纹。

鈚 | 西周
馆藏
现藏淄博市博物馆
高27、口径11.2×6.5、底径13.3×8.2厘米，重3.564千克

　　椭圆体。椭圆形口，敞口，微束颈，鼓腹，平底，颈部有两环耳。口颈部
饰一周窃曲纹。

鉝 | 西周
1982年泰安市城前村出土
现藏泰安市博物馆
高26、口径11×7、宽19、厚10厘米

　　椭圆体。口横剖面为圆角长方形，腹、底剖面为椭圆形。口微侈，束颈，溜肩，鼓腹，平底。肩两侧有兽形耳，近底处一侧有环鼻。颈环饰桃叶纹一周，肩部饰双首缠绕龙纹一周，腹部饰变形龙纹一周。

铀 西周

1994年安丘市东古庙村出土

现藏安丘市博物馆

高27.6、腹宽19.2厘米

椭方体。口横截面为圆角方形，腹、底横截面为椭圆形。平唇，微敞口，束颈，鼓腹，平底，肩部两贯耳。器身饰三周纹饰，颈部饰一周桃叶纹。肩部饰一周交缠龙纹，龙纹首、尾两端均有龙头，龙身缠绕。腹部饰一周三组龙凤纹，每组龙凤纹均是双凤双龙向背，双凤在上，短喙长尾，尾蜿蜒与龙首相连，龙尾较长，两组纹饰之间龙尾相接。

罍 | 西周

2005年沂源县西鱼台遗址出土

现藏沂源博物馆

高33.1、口径21.3厘米，重14.21千克

　　方唇，侈口，束颈，肩部微鼓，肩腹结合处有粗凸棱，肩部以下弧形内收，小底，喇叭口状圈足。肩部有两半环形耳，呈兽面吞口形，环内各有一扁平圆环。颈部饰夔龙纹，肩部涡纹与夔龙纹相间，腹部上部饰夔龙纹，下部为波带纹，圈足部饰垂鳞纹。

罍 西周

2001年沂源县西鱼台村姑子坪出土

现藏沂源博物馆

高20.6、口径14.1、底径11.4厘米，重3.47千克

　　方唇，侈口，卷沿，短束颈，折肩，肩部微鼓，腹微鼓，底略内凹，肩部两侧有对称兽耳。肩部饰一周变体夔龙纹，折肩处饰箭形几何纹，内填U形纹。腹部饰三角纹，三角纹内饰两个变体夔龙纹。范线位于两耳和两耳之间的中心部位。

299

罍 西周

馆藏

现藏烟台市博物馆

高32.5、口径12.1、底径15.8厘米

　　方唇，卷沿，短颈，鼓肩，腹部稍鼓，小平底。肩部有对称环耳，下腹部亦有对称环耳、与肩部的两环耳处于不同部位。肩部饰两周纹饰，每一周纹饰均为单个的鳞纹与云雷纹相间分布。肩、腹结合部饰三道细凸棱，下腹部饰倒三角纹，内填竖直线。

罍 西周

館藏

現藏煙台市博物館

高25.8、口徑16.3、底徑13.5厘米

方唇，窄平沿，束頸，鼓肩，腹下部急收成小平底，肩部有對稱耳。肩部飾兩周變形龍紋，腹部飾一周變形龍紋。

罍 | 西周
1965年邹县（现邹城市）栖驾峪遗址出土
现藏邹城市文物保护中心（邹城博物馆）
高28.5、口径15、底径12厘米

方唇，口外侈，窄平沿，束颈，圆鼓肩，圆腹，腹下收成小平底，底内凹。器腹有三周纹饰，肩部一周、腹部两周，均为变形龙纹，龙的具体形态差异较大。

罍 西周

1994年安丘市东古庙村出土

现藏安丘市博物馆

高28.7、口径17.5、腹径31.2、底径13.5厘米

　　方唇，窄平沿，高直颈，圆肩微鼓，深腹，下腹斜直，小平底。肩部有对称兽面纹耳。肩部、腹部满饰纹饰。肩部两周纹饰，上面一周为短尾的龙，首尾相接；下部仍为龙纹，双首长身，躯体蜿蜒。下腹部为一大一小的龙围绕双首长身的龙。

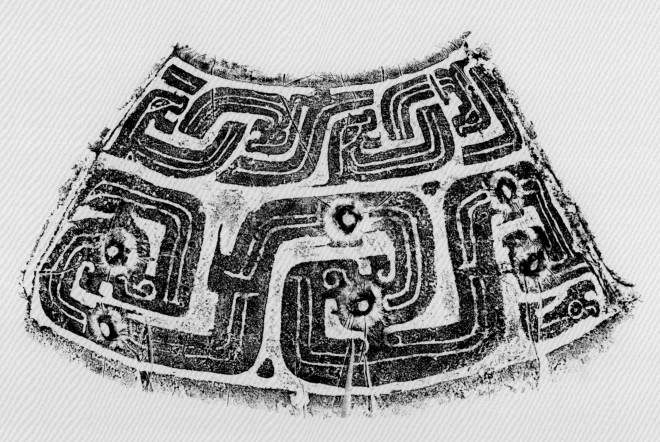

罍│西周

1958年五莲县管帅镇（现于里镇）大绿旺出土

现藏五莲县博物馆

高28.5、口径16.1、底径12.1厘米，重7.502千克

圆唇，卷沿，沿内有凹槽，束颈，圆肩稍鼓，深鼓腹，平底，肩部附兽首环耳。肩部饰两周变形卷体夔纹，凸目，短吻，蜷身，龙身有阴线装饰。上腹部饰团身夔龙纹，凸目，长吻，上下颚分别上翘、下卷，龙身有阴线装饰。下腹部饰变体夔龙纹，长身双首，凸目，长吻。中部还有龙首装饰，口、吻部均较夸张。

罍 西周

2002年滕州市庄里西村出土

现藏滕州市博物馆

通高48.2、口径13.9×10.6厘米

　　长方体。平折口，方唇，高颈，肩部略鼓，深鼓腹，平底长方形高圈足，底有高台座。肩部饰对称兽首衔环，下腹部一侧置半环形兽首钮。四面坡形盖，盖顶有高钮，为四面坡式钮。颈部饰一周夔龙纹，肩部长边饰兽首纹及涡纹，侧面饰涡纹。圈足饰一周简化兽面纹，仅圆目凸出，其余部位用云雷纹表现。盖面纹饰与肩部纹饰相同。圈足内侧底部有一环钮，推测底部原有铃铛。

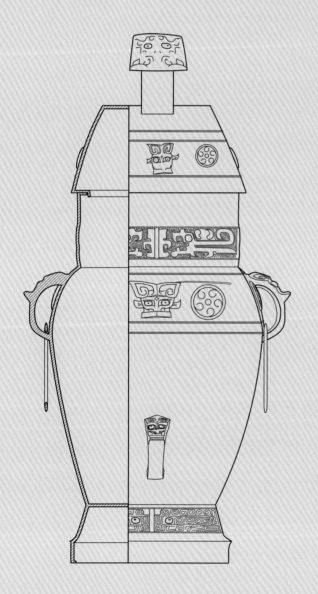
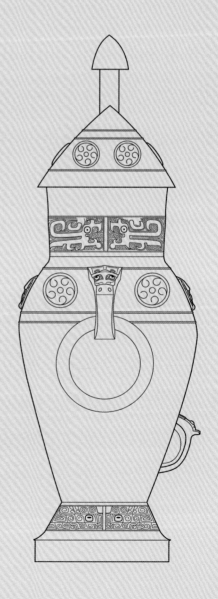

彝 | 西周

2001年沂源县西鱼台遗址出土

现藏沂源博物馆

通高45.3、口径18.7×15.7、足径21.7×19.5、圈足高7.5、

盖通高11、盖长20.7、盖宽7.3厘米，重8.69千克

　　瘦高方体。器身为子口，口部内收，方唇，腹部偏方，中部外鼓，平底，
长方形圈足外卷，肩两侧各置一半环形耳。器身四角均有扉棱，颈部四面均有
变体夔龙纹两个。腹部四面中心均饰半月形垂幛纹，其间填以弧状凸棱纹，两
侧饰叶脉状几何纹，圈足四面饰之字形几何纹。盖下部偏方，为母口，上部为
盝顶，顶上为圆形捉纽。盖面与腹部对应的处均有扉棱，盖的四面及顶部均饰
有半月形垂幛纹。

斗 | 西周
1975年长清县（现济南市长清区）南府村西山下500米处出土
现藏济南市长清区博物馆
通高7.7、口径7×8.2、底径6.5×7.5厘米

　　椭圆体，口、腹、足横截面均略呈椭圆形。敛口，腹微鼓，圈足外撇。一
端有一龙形回首鋬，另一端在器物腰际接宽曲柄。口沿下饰一周窃曲纹，腹饰
瓦纹，圈足上饰镂空垂鳞纹，曲柄上布满镂空的窃曲纹。

斗 | 西周

1994年安丘市东古庙村出土

现藏安丘市博物馆

通高7.4、最大口径9.1、鋬长10.5厘米

敛口呈椭圆形，鼓腹，圜底，圈足外侈，腹中部一宽曲鋬。口沿下有变形窃曲纹，柄上有变形龙纹。同出2件，形制、大小基本相同。

盉 | 西周
1986年济阳县（现济南市济阳区）
刘台子墓地出土
现藏济南市济阳区博物馆
通高19、腹径12.5、口径9.7厘米

敞口，束颈，鼓腹，圜底，三柱足，管状流，牛首形鋬。盖子口作内插口，顶圆弧，中央有桥形纽，盖、身由二节链环相连。盖沿、颈和腹上部饰弦纹。盖内壁有铭文"夆"。

盘 | 西周

2004年龙口市集前赵家村出土

现藏龙口市博物馆

通高9.7、通宽32.9厘米

　　方唇，窄平沿，深腹略外鼓，底略下凹，圈足略外撇。器身素面，仅在上腹部饰两道凸弦纹，口部略有变形。

盘 | 西周
1982年济阳县（现济南市济阳区）
刘台子墓地出土
现藏济南市济阳区博物馆
通高8.7、口径27.7、腹深3.8厘米

方唇，敞口，浅腹，底近平，双附
耳，宽钩状三足。腹部饰弦纹，足两侧饰
夔龙纹。内底中部有铭文一字"夆"。

盘底垫片痕迹

盘 | 西周
1958年济南市废品仓库拣选
现藏济南市博物馆
通高12.7、口径46.4、底径36厘米

　　方唇，平折沿，浅腹，大平底，矮圈足，双附耳。腹饰窃曲纹，间以凸涡纹，耳饰重环纹，足为垂鳞纹。盘内底铭文四行二十二字："齐叔姬作孟庚宝盘，其万年无疆，子子孙孙永受大福用。"

盘 | 西周
1981年临朐县嵩山泉头村出土
现藏临朐县博物馆
通高14.3、口径42、底径28.2厘米，重7.81千克

　　方唇，窄折沿，浅腹，圜底，圈足较高外侈，有台座，附耳。腹饰窃曲纹，圈足饰垂鳞纹，耳内、外饰重环纹。底有裂缝，另有两小孔。器内底铸有铭文三行二十字（重字二）："㝬（鄩）中（仲）滕中（仲）女子，宝殷（盘），其萬年无彊（疆），子子孙孙永宝用。"

盘 | 西周
2001年沂源县西鱼台遗址出土
现藏沂源博物馆
通高17.4、口径最大41.8、足径29.7厘米，
重5.87千克

　　方唇，窄平沿，鼓腹，圜底近平，圈足略外
侈。盘外侧分别附两耳、两夔龙；两耳上各饰一卧
兽；夔龙口衔盘沿，弓身，足跗于盘壁，卷尾。圈
足外侧附三个裸人为足。腹部、圈足均饰窃曲纹，
双耳饰重环纹。稍有变形。

盘 | 西周
1978年曲阜县（现曲阜市）鲁故城48号墓出土
现藏孔子博物馆
通高15.5、口径38.7、足径28.1厘米

　　方唇，折沿，浅腹，圜底近平，圈足外侈，下接三人形足。附耳外折，上饰卧牛，牛昂首向外，作嘶鸣状。人形足蹲坐，头顶盘底，背倚圈足，双手作抬盘状，三人五官、双乳清晰，其中一人有一足残断。盘壁饰窃曲纹，圈足饰垂鳞纹。盘内有铭文共十五字："鲁司徒中齐肇作盘其万年用宝用享。"

盘 西周

1976年诸城县（现诸城市）皇华公社杨家庄子东河岸出土

现藏诸城市博物馆

通高13.8、口径40.5、底径27.5厘米，重5.465千克

　　方唇，窄平沿，浅腹，圜底近平，矮圈足外撇，附三小足。上腹部饰对称附耳，耳上部外折，一羊蹲踞其上，羊首扭向外侧。在两耳两侧饰两兽耳，兽嘴衔盘沿，四肢紧抓盘壁。腹部外壁饰一周窃曲纹。圈足下的三小足似均作浮雕兽首状，锈蚀严重，不辨细部。

盘 | 西周
1959年海阳县（现海阳市）上上都村出土
现藏海阳市博物馆
通高14、口径35、底径24厘米

　　圆唇，侈口，斜折沿，浅腹，圜底近平，高圈足外侈，附耳微外撇。盘内底饰蟠龙纹，龙头居中心，龙身盘绕一周，饰鳞纹。空余部分又以小龙及重环纹填充。龙纹之外饰一周折线纹，最外一周饰窃曲纹。圈足上部近盘底处有四个方形镂孔。器身外壁、圈足上的纹饰锈蚀不清。器身部分可见席纹。

盘 | 西周
1996年莒县西大庄村出土
现藏莒州博物馆
通高13.5、口径37.2、足径24.7厘米

　　方唇，折沿，内侧下凹使沿呈台阶状，浅腹，圜底近平，圈足外侈有矮台座。口沿上立有四兽，腹外壁有四錾，与盘沿上四兽交错分布。錾片状，非龙非兽，造型抽象。圈足上原有一錾，缺失。盘内底有二龙头翘起作逆向旋转状，二龙身饰鳞纹、水波纹，盘内壁饰鱼纹一周，口沿饰鳞纹，腹和圈足饰窃曲纹。

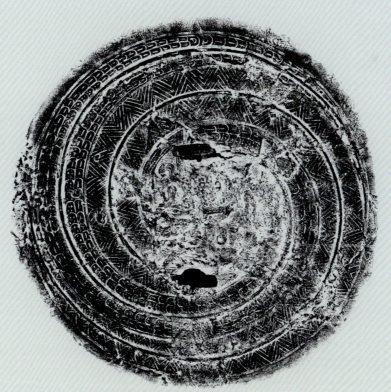

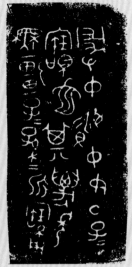

匜 西周

1981年临朐县嵩山泉头村出土

现藏临朐县博物馆

通高23.5、通长43、通宽18.9厘米，重5.23千克

微敞口，浅腹，圜底，流上翘，四夔足。足龙首硕大承器底，短身、卷尾触地。龙形鋬，口衔器沿，双目凸起，两螺角凸起，背饰凸棱，卷尾，身饰重环纹。口沿外壁饰窃曲纹，腹饰瓦纹，器内底铸铭文三行二十字："䚐（鄂）中（仲）媵中（仲）女子，宝匜，其萬年无彊（疆），子子孙孙永宝用。"

匜 | 西周
1996年莒县西大庄村出土
现藏莒州博物馆
通高22.1、通长44.5厘米

微敛口，高长流上翘，前端略下垂，浅腹，圜底近平，四夔足，龙形鋬。龙形鋬龙身、口部和流下均饰窃曲纹，腹饰瓦纹。夔龙足龙首硕大，短身短尾弯曲着地。龙形鋬背有T形扉棱，龙双目凸起，两螺角高耸，卷尾。

匜 | 西周
1978年曲阜县（现曲阜市）鲁故城48号墓出土
现藏孔子博物馆
通高19、通长34.7、通宽17厘米

器身椭圆形，微敛口，浅腹，圜底，流较窄，微上翘，四夔龙蹄形扁足，兽首鋬。口部和流下饰窃曲纹，腹饰瓦纹，鋬饰重环纹。匜内底铭文五行二十五字："鲁司徒中齐，肇乍皇考白走父宝匜，其万年眉寿子子孙孙永保用享。"

匜

西周

1978年曲阜县（现曲阜市）鲁故城202号墓出土

现藏孔子博物馆

通高21、通长37、通宽17.2厘米

口缘较直，鼓腹，圜底，流上翘不明显，较平直。龙首鋬，龙两目和双角凸出，龙脊有扉，龙尾卷曲。四扁平夔足。口沿及流下饰变形窃曲纹，腹饰瓦纹，鋬上饰重环纹。内底有铭文，磨损严重。

匜 西周
烟台市蓬莱区大柳行公社宁家大队出土
现藏蓬莱阁景区管理服务中心
通高17、通长45、通宽19厘米

　　口微敛，腹壁较直，圜底，长流上翘，四扁夔足，龙形鋬。器口沿及流下饰窃曲纹，腹部饰瓦纹。龙形鋬龙口衔器沿，螺角高耸，身饰重环纹。

匜

西周

1965年邹县（现邹城市）栖驾峪遗址出土

现藏邹城市文物保护中心（邹城博物馆）

通高19.7、通长36.2厘米，重2.92千克

  微敛口，鼓腹，圜底，管状兽首流槽较长，上翘明显，兽口略下垂，下附四夔足。后有龙形錾，龙首伏于口沿上，背有扉棱，龙尾上卷。口沿下、流下饰有窃曲纹。保存状况一般，器身有残。

匜 ┃ 西周
1996年莒县西大庄村出土
现藏莒州博物馆
通高14.6、通长32.4厘米，重1.94千克

　　口微敛，浅腹，圜底，前有宽流，略平直，龙口衔匜口沿，下承四扁足，后有龙形鋬。口沿至流饰重环纹，龙形鋬身饰重环纹，前两足饰兽面纹，后两足饰兽爪。

匜 | 西周
1989年滕州市庄里西村出土（M7：17）
现藏山东省文物考古研究院
通长23.1、通宽12.3厘米

口微敛，鼓腹，圜底，四蹄形足，U形流上翘。龙首錾，龙口衔器口衔，双目凸出，中有凹窝，双角呈尖锥状。口沿、流下饰重环纹，腹部饰瓦纹。

匜 | 西周
1984年安丘县（现安丘市）东古庙村出土
现藏安丘市博物馆
通高16.7、通长32.7、通宽7.5厘米

敛口，有窄平沿，腹稍浅，圜底，三蹄形
足，流上翘。与流相对的一侧有一平板，下有
半环形鋬。口沿下、流下有一周窃曲纹，腹部
一周凸棱。

铆 | 西周

1996年莒县西大庄村出土

现藏莒州博物馆

高6.4、口径8.8×7.9、底径6.7×6.2厘米

　　椭圆体。小口略呈直口，颈略收，鼓腹，平底。在腹的一侧饰环形耳和竖绳索纹，另一侧饰有竖绳索纹。

铷 | 西周
临朐县嵩山泉头村出土
现藏临朐县博物馆
高9.2、口径10.15×8.75、腹径13.9×11.4厘米

　　椭圆体。薄圆唇，小敞口，微卷沿，短束颈，圆鼓腹，矮圈足，两长边居中作内凹状，平底，一侧有单耳，似模仿皮器形制，中间凸棱和圈足均作皮器接缝的式样。

347

铫 | 西周
1987年淄博市临淄区东古城村出土
现藏齐文化博物院
通高8.6、腹径10.5厘米

尖圆唇，小卷沿，溜肩，圆鼓腹，小平底。肩部置对称双小环錾，一侧腹部置一绚索状环形耳。腹中部饰蟠龙纹。

铆 西周
1994年安丘市东古庙村出土
现藏安丘市博物馆
通高8.3、口径9.3、腹径13厘米

　　椭圆体。尖唇，敞口，短束颈，扁鼓腹，平底，矮圈足，一侧有兽首环耳。通体素面，圈足外饰一周绳索纹。口沿稍残。

罐 西周
泰安市龙门口遗址出土
现藏泰安市博物馆
通高10.7、口径5.7厘米

　　敛口作子口，深鼓腹，圜底近平，圈足，底缘有台座，沿下有两贯耳。沿下一周窃曲纹，腹部饰波带纹，圈足饰变形窃曲纹。未见盖及提梁。

罐 | 西周
1965年邹县（现邹城市）栖驾峪遗址出土
现藏邹城市文物保护中心（邹城博物馆）
通高11、口径8.7、腹径11.8厘米

　　敛口作母口，鼓腹，圈足，下有低矮台座，口部有对称贯穿纽。有弧顶盖，内插口，盖上有三纽，盖与口沿对应的两侧有系。口沿为一周窃曲纹，腹部一周横向变形蕉叶纹，下腹部为瓦纹，圈足为镂空垂鳞纹。盖锈蚀严重，纹饰不甚清晰似为四龙交缠之形。

罐 | 西周
1981年临朐县嵩山泉头村出土
现藏临朐县博物馆
通高12.8、口径7.6、腹径11.3、底径8.6厘米

　　敛口内折作子口，扁圆腹，圜底，矮圈足外撇，下有台座。弧顶盖，盖缘延伸作母口。身、盖对应饰两环耳，有提链相连。盖纽为一昂首展翅的小鸟。罐身、盖遍饰浮雕交缠龙纹，龙首突出，长身卷曲。

352

罐 | 西周
征集
现藏滕州市博物馆
通高12.5、口径8、底径6.7厘米

　　横截面略呈椭圆形。敛口内折为子
口，鼓腹，平底，口沿有对称贯耳。覆钵
形盖，盖缘下延作母口，盖沿有与口沿相
对的贯耳。盖面隆起饰两周连弧纹，颈部
饰窃曲纹，腹部饰四周凸弦纹。

钟 | 西周
1954年胶东文物管理委员会移交
现藏山东博物馆
通高26厘米

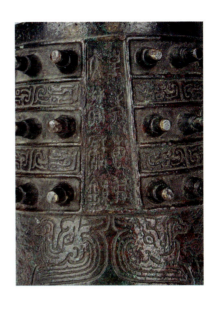

　　管状甬，阔旋，方宽干，合瓦形体，侈铣，钲饰三排乳状长枚。甬饰波曲纹，旋饰窃曲纹，舞饰象鼻夔纹，篆间饰窃曲纹，正鼓部饰夔纹，正面鼓右饰凤纹。铸铭文十七字，其中正面钲间铭文八字："皇考惠叔大林和钟。"左鼓部九字："皇考严在上，翼在下，□□。"

编钟

西周

1959年海阳县（现海阳市）上上都村出土

现藏海阳市博物馆

由1件甬钟、4件纽钟组成

甬钟通高45.2、铣间22.1厘米；

纽钟分别为：通高26、铣间宽16.5厘米，

通高24.8、铣间宽15.5厘米，

通高17.5、铣间宽10厘米，

通高14.5、铣间宽8.3厘米

　　甬钟的甬柱为圆筒式与钟体内腔相通。绞索状旋，柱状长枚。舞、鼓及钲中部皆饰雷纹，篆部饰斜三角云纹。

　　纽钟大小相次，形制基本相同。四件纽钟形体一致。合瓦式，扁圆体方纽，无枚，钟体两面皆饰两组变体龙纹。

右二拓片

钺

西周

1980年邹县（现邹城市）小彦村征集

现藏邹城市文物保护中心（邹城博物馆）

通高21、横宽14.1、銮长6厘米

　　器体呈耳形片状，上部作浮雕龙身，龙首向下，龙嘴肆张，双目圆睁，下端延长部分有长管状銮，以插入木柄上的榫头。龙身饰变形夔龙纹，上有三个半圆形乳饰，銮上、下两端分别有三条和四条箍饰。上、下箍饰铸铭文三行九字："於取子锤□铸□元乔。"

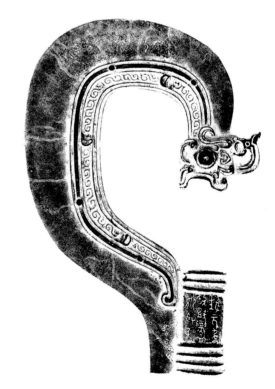

刀 | 西周
1996年莒县西大庄村出土
现藏莒州博物馆
残长35.2、宽7.6、厚0.2厘米，重0.52千克

刀前端有一斜角，刃非常锋利，刀脊上有五个长方穿孔。在刀脊两侧饰对称的人面首二对。

车
軎

西周

1986年龙口市东营周家村出土

现藏龙口市博物馆

通高13、直径5.5、軎长12.5厘米，重0.726千克

　　呈圆筒形，外端略细，内端粗，軎身饰波曲纹，軎身外端顶面饰卷云纹。辖横穿内端处，辖身为扁长方条形，辖头为圆雕兽首形。

车軏 | 西周
1987年淄博市临淄区东古城村出土
现藏齐文化博物院
长32.5、宽7.2厘米

上有浮雕兽面纹和夔龙纹装饰，云雷纹为地。
背有环穿。

车
軎 | 西周
1975年淄博市临淄区东古城村出土
现藏齐文化博物院
长14、宽8.5、厚7.5厘米

　　整体截面呈梯形，上宽下窄。前端筒形部分两侧有半环形竖耳，接后軨的槽形部分稍窄。底部有两个穿孔，一圆一方，应是穿辖之用。前饰两夔龙纹，云雷纹为地纹，后端饰三角纹。

车构件

西周

1996年莒县西大庄村出土

现藏莒州博物馆

高9.7厘米

　　器上部呈扁圆饼状，下接一安柄之用的弯状圆形喇叭状銎。正面饰二龙二凤绞绕纹图案。

当卢

西周

龙口市归城和平村出土

现藏烟台市博物馆

同出2件

长4.5、宽4.5、厚1.6厘米

蛙形，正面微鼓，背面有横梁纽。

当
卢

商
滕州市前掌大遗址征集
现藏滕州市博物馆
长14.3、通宽6.9厘米

　　呈圆角等腰三角形。正面饰相对的夔龙纹，以雷纹为地；反面正中为穿，角有銎。

兽
面
饰

西周
2002年滕州市庄里西村出土
现藏滕州市博物馆
通长18.5、通宽18.8厘米

正面为兽面，细长角向上弯曲，圆目凸出，长角下有对称小耳，阔鼻凸起，两侧各有一长条形穿。

兽
面
饰

西周

2002年滕州市庄里西村出土

现藏滕州市博物馆

长27、通宽22厘米

正面透雕张口瞪目的兽面形，圆目凸出，圆形瞳孔，鼻部凸起，张嘴露齿。

人面饰

西周
2002年滕州市庄里西村出土
现藏滕州市博物馆
长22、通宽17厘米

　　正面为人面，面容端详，栩栩如生。长脸，浓眉大耳，双目炯炯有神，阔鼻凸起，口微张开。背面在额头部有三穿孔，下颌一穿孔。

翣 西周

1996年莒县西大庄村出土

现藏莒州博物馆

高43.8、宽28.8、厚0.2厘米

　　器形较大，但体轻薄，扁平状。器之上部呈山形，中锋上部作三角形，两侧峰外翻作鸟头状，下部一柄。